감각수업

취향이 소비를 결정하는 시대
VMD1세대 노희정의 감각을 자본으로 바꾸는 기술

당신의 감각을 위하여

감각수업

초판 1쇄 발행일 2018년 9월 28일
초판 2쇄 발행일 2019년 4월 30일

지은이 노희정
펴낸곳 도서출판 유심
펴낸이 구정남·이헌건
마케팅 최진태

주소 서울 은평구 통일로 684 서울혁신파크 미래청 1동 303B(녹번동)
전화 02.832.9395
팩스 02.6007.1725
URL www.bookusim.co.kr
등록 제2017-000077호(2014.7.8)

ISBN 979-11-87132-26-4 13320
값 14,000원

(CIP제어번호: CIP2018028418)

Marketing Unique Success Making Sense Visualmerchandising Image Design Style Fashion Emotion Training

감각수업

취향이 소비를 결정하는 시대
VMD1세대 노희정의 감각을 자본으로 바꾸는 기술

노희정 지음

도서출판 유심

시작하며

모든 것은 연결되어 있다.
'하나를 보면 열이 보인다'라는 생각을 자주 한다. 청바지 하나만 봐도 그 사람의 감각이 다 보인다고 한다면 과언일까? 사람이건 매장이건 첫인상에서 느껴지는 것을 통해 많은 것들이 연결된다.
'감각' 하면 떠오르는 단어들은 어떤 것들이 있을까? 스타일, 패션, 코드…. 대부분 시각적인 단어들을 생각한다.
우리가 어떤 사람을 처음 보았을 때 '지적'이라고 느끼거나 착하다고 느끼는 것은 사실 내면의 모습이다. 그럼에도 우리는 첫인상을 시각적인 것으로만 여긴다.

모범생이라는 단어는 곧바로 착하다, 성실하다, 바르다, 답답하다, 순하다 등의 단어와 연결된다. 감각도 마찬가지다. 하나를 보면 그것을 바탕으로 비슷한 것들이 서로 연결되어 있다는 것을 자주 발견하게 된다. 그래서 매장의 콘셉트를 도출할 때 하나의 주제를 나타낼 수 있도록 통일된 카테고리를 찾아내고 연결해준다.

사람들에게 이상형을 물어보면 '감각 있는 사람' '스타일 좋은 사람' '자기를 관리할 줄 아는 사람'을 우선적으로 꼽는다. 대부분의 사람들이 감각 있는 사람 혹은 감각적인 매장을 선호한다. 그런 사람과 더불어 연애를 하고 싶어 한다거나 같이 비즈니스를 하고 싶어 한다거나 그곳에 가고 싶어지는 것이다. 이처럼 '감각'은 사회적 관계를 긍정적으로 만들고, 자본으로 연결이 된다.

감각은 단순한 하나의 카테고리가 아니라 시각, 후각, 청각, 촉각, 미각의 총합이다. 따라서 사람마다 감각이 다를 수밖에 없다. 훈련이나 교육을 통해 하나의 감각이 성장하면 이와 연결된 또 다른 감각이 자극과 반응을 통해 성장한다.
물론 감각을 타고난 사람이 있다. 하지만 그렇지 않다고 해서 낙심할 필요는 없다. 복싱을 할 때, 처음에는 상대의 얼굴도 똑바로 바라보지 못하고 팔도 한 번 뻗기 힘들지만 연습을 거듭하면 상대의 움직임을 정확히 보고 내 팔을 뻗거나 피할 수 있다. 감각에 대한 수용체는 사람마다 다를 수 있지만 연습이나 훈련을 통해 충분히 끌어올릴 수 있다는 이야기다.

감각에는 '이것이 답이다'라고 할 만한 것이 없다. 다만 이런 화두를 통해 더욱 감각적인 사람, 감각적인 매장을 연출하고, 이를 자본으로 만들 수 있는 자신만의 힘을 구축하기를 기대해 본다.
이 글을 통해, 나의 인생의 뮤즈인 엄마와 나에게 극복이라는 단어를 재해석하도록 해준 아들 그리고 나의 지킴이인 남편에게 감사드린다.

목차

Part 02
감각을 자본으로 바꾸는 여섯 가지 비밀

목차

Emotion

Visual merchandising

Success Visual Design

Marketing Unique

Image Marketing Sense

Sensibility Success Unique

Style Image Fashion

Unique Idea Visual merchandising

Training Unique

Emotion Fashion

Part 01

감각은 나(me)다움을 더한 객관화

감각은 베스트가 아닌 유니크

바쁘게 살아가는 현대인은 누군가를 오랫동안 지켜보고 관계를 형성할 만한 시간이 없다. 그래서 빠른 시간 안에 관계형성 여부를 판단해야 한다. 내 경우, 사람을 판단하는 기준은 외모 즉 스타일에 감각이 있는가 없는가 하는 것이다.

얼마 전 후배가 "지켜보면 괜찮은 사람이다"라는 말과 함께 VMD 관련 일을 하고 싶다는 친구를 소개해 주었다. '지켜보면 괜찮은 사람'은 본인의 체형과 어울리지 않는 티셔츠에 운동화를 신고 나타났다. 포트폴리오나 대화 내용은 괜찮아 보였지만 스타일이 계속 눈에 거슬렸다. 후배 말처럼 지켜보면 괜찮은 사람일지 모르겠지만, 비즈니스를 함께할 사람으로서 스타일이 낙제점이었다.

물론 스타일만 보고 그 사람을 판단할 수는 없다. 하지만 바쁘게 돌아가는 비즈니스 세계에서 관계를 맺는 시간을 절약해 주는 것이 바로 스타일이다.

포카혼타스.
감각은 베스트가 아닌 유니크.

우리는 이미지 메이킹 교육을 통해 신뢰감을 높이는 스타일을 권장한다. 하지만 오히려 이 때문에 모두 똑같은 스타일의 모습을 연출함으로써 본인의 아이덴티티를 발휘하지 못하는 경우가 많다.

"나를 디자인하라"는 말로 유명한 디자이너 가르보는 20년 전 디자인 아이디어를 팔기 위해 질레트사에 갔을 때의 일을 종종 들려주곤 한다. 회의에 참석한 직원들은 10명이었는데, 모두 비슷한 양복에 비슷한 넥타이를 하고 있어 누가 엔지니어인지 마케팅 담당자인지 구분하기 힘들었다. 한마디로 개성을 찾아볼 수가 없었다. 그래서 그는 '이 회사는 개성 따위는 허용하지 않는구나'라는 생각이 들었다고 한다.

옷은 그 옷을 입은 사람이 다른 사람들에게 보내는 일종의 메시지다. 따라서 옷을 고를 때는 '나는 누구인가. 세상에 어떤 말을 하고 싶은가?'를 신중하게 생각해야 한다.

훌륭한 감각이란 최고나 최선이 아니라 나만의 독특함이다. 고가의 브랜드 제품이 나만의 유니크함을 나타내 주지는 않는다. 무엇이든 자기만의 개성이 드러나게 코디한다면, 그것이 바로 최고의 감각이라 할 수 있다. 어울리지 않는 500만 원짜리 옷보다 나만의 개성과 감각을 잘 표현한 5만 원짜리 옷이 더 돋보이는 법이다.

그럼 나만의 것이란 무엇일까? 나는 두 가지 질문을 통해 그것을 찾아보라고 권하고 싶다.

1) 당신의 직함(직업)이 곧 당신인가? 당신의 별명(닉네임)은 무엇인가?

2) 당신이 즐겨 부르는 18번은 무엇인가?

객관성,
감각을 자본으로 만드는
첫 번째 힘

젊은이들 사이에서는 셀카가 대세다. 미국정신의학협회는 '셀카 중독'을 정신병 및 강박증이라고 정의한다. 셀카를 찍고 업로드하는 사람에게는 현실에서 부족한 자존감을 사진을 통해 보완하는 심리가 있다는 설명이다. 개인적으로 이 의견에 동의하지 않는다.

나도 셀카를 자주 찍는다. 예쁘게 나온 사진을 SNS에 올려 이런저런 일상을 공유한다. 어떻게 하면 셀카를 예쁘게 찍는지 물어보는 사람도 꽤 많다. "팔을 최대한 뻗고, 카메라를 응시하지 말고 옆모습으로 찍어봐라" 또는 "팔을 최대한 뻗은 상태에서 빙빙 돌려 자신의 가장 스마트한 얼굴 라인을 찾아서 찍어라. 표정을 다양하게 찍어봐라" 등 조언을 해주곤 한다. 그러면서 SNS를 더욱 잘 관리해야겠다는 다짐도 생긴다.

세계적인 스타 패리스 힐튼도 수영복을 바꿔 입은 모습이나 일상을 셀카로 찍어 올린다. 미국의 팝스타 테일러 스위프트도 팬들과 함께 셀카를 찍어 올리고, 소통 전문가 김창옥 교수도 셀카로 소통을 한다. 자기관리 없는 왜곡된 셀카는 문제가 될 수 있겠지만 자존감을 올리고 자신의 단점을 보완하는 순기능도 있다. 그래서 나의 강의 시간 중에는 셀카 실습 시간도 있다. 나만 예쁜 셀카가 아니라 다른 사람 눈에도 예쁜 셀카를 찍는 방법이다. 감각도 셀카와 비슷한 속성이 있다. 남들이 하는 것을 무작정 따르면 유행은 따라갈 수 있겠지만 자신의 존재는 사라진다.

감각을 가져야 한다고 이야기하면 귀찮아하는 사람이 있다. 내 스스로 실력이 있고 진정성이 있다면 굳이 노력하지 않아도 남들이 알아줄 거라고 생각한다. 물론 언젠가는 알아줄 것이다. 하지만 중요한 건 '언젠가'이다. 모든 것은 때가 있다.

비즈니스 세계도 마찬가지다. 실력이 비슷하다면 당연히 호감이 가는 쪽에 일을 맡긴다. 호감을 끌어내기 위해서는 스타일을 포함한 비언어적인 요소까지 모든 것을 발휘해야 한다. 요즘은 많은 회사들이 창의적이고 유연한 조직문화를 끌어내기 위해 직원들에게 자유로운 복장을 권하고 있다. 하지만 지나치게 개성적이거나 편안한 옷차림은 비즈니스에서 마이너스다. 너무 가벼워 보이는 복장보다는 다소 격식이 있으면서 유연한 옷차림이 좋다. 아울러 업무에 어울리는 자신만의 스타일을 연출해야 한다.

비즈니스에도 장소와 업무에 따른 감성 이미지가 반영된다. 어떤 면에서는 스타일 하나만으로 업무 성과 이상의 착시효과를 얻을 수도 있다. 업무를 잘 처리하고 스타일 관리까지 덤으로 잘한다면 큰 신뢰를 얻을 수 있다.

감각을 길러야 하는 이유는 명확하다. '언젠가 알아주겠지'에서 지금 당장 함께하고 싶은 사람으로 변모해야 하기 때문이다. '나다움'과 객관성을 결합하기 위해서는 '경청'을 강조하고 싶다. 나답게 사는 것은 좋지만 남들의 의견을 무시하고 나다움만으로 사는 것은 좋지 않다.

예술적 취향은 개인에 따라서 다양하게 나타난다. 하지만 배설이 아닌 예술이 되려면 나름대로 객관성이 부여되어야 한다. 입체파 화가 피카소의 작품들은 19세기 화가들과 구분되는 20세기적 개성이 있다. 그는 어떤 대상을 재현만 하는 것이 아니라 작품마다 새로운 기법과 신선한 메시지를 던져준다.

젊은 시절, 피카소는 대상을 재현하는 전통적인 회화, 즉 인상주의에 불만이 있었다. 그래서인지 그의 대표작 중 하나인 『아비뇽의 처녀들』(The Young Ladies of Avignon·1907)은 시점(視點)이 하나가 아니라 여러 개다. 원근법도 고려하지 않았고 오른쪽 두 여성의 얼굴색과 모양은 왜곡돼 있다.

이 작품이 공개됐을 때 모두가 큰 충격을 받았다. 어쩌면 객관성을 획득하지 못했다고 할 수도 있다. 전통 회화의 원칙을 무시했을 뿐만 아니라 감상자를 응시하는 듯한 대담한 포즈의 그림 속 인물들에게 기겁을 했기 때문이다. 심지어 같은 입체파 화가였던 브라크조차 충격을 받았다고 한다. 이 때문에 『아비뇽의 처녀들』은 당시 예술이 아닌 배설로 취급되었다.

사람들은 그의 정치적인 행보 또한 곱게 보지 않았다. 하지만 피카소는 자신의 정체성을 포기하지 않았고, 마침내 『게르니카』 속에 스페인의 현대사를 고스란히 남겼다. 이로써 평화로운 세상에 대한 그의 소망은 객관성을 얻을 수 있었다.

신춘문예의 계절이 되면 많은 예비작가들이 등용을 위해 각 신문사에 작품을 투고한다. 이른바 '신춘문예 열병'이 깊은 사람은 외딴 섬에 자신을 스스로 유배시킨 채 글을 쓰기도 한다. 심지어 정신착란을 일으켜 자신이 당선된 것처럼 다른 사람의 상을 받으러 가는 경우도 있다고 한다. 왜 그들은 그렇게 등단을 열망하는 것일까. 여러 가지 이유가 있겠지만 자신의 작품이 배설 즉, 혼자만의 낙서가 아니라 객관성을 갖춘 작품이라는 것을 인정받고 싶은 열망이 아닐까 싶다.

태어날 때부터 감각이 뛰어난 사람이 있다. 하지만 아무리 탁월해도 자기만 좋은 감각이라면 자기만족일 뿐이다. 감각은 '나다움'과 '객관성'이 함께 묻어 나와야 한다. 내가 좋아하는 이미지와 남들이 좋아하는 이미지의 갭(gap)을 줄이는 게 핵심이다. 나만의 세계에 빠지면 오해를 만들 수 있다. 남들이 뭐라 하건 '나다움'만 고집하면 그 감각은 자본으로 바꿀 수 없다. 자본은 내가 아니라 남이 제공해 주는 것이기 때문이다.

감각을 자본으로 만드는 첫 번째 기술은 바로 객관성을 확보하는 것이다.

나다움에 객관성을 확보하면 자본이 된다

인터넷에 'VMD'(visual merchandiser)를 검색해 보면 많은 정보가 쏟아져 나온다. 자격증도 있고 아카데미도 있고 취업정보도 다양하다. 이제는 일반인도 VMD에 대한 기본적인 개념을 알고 있을 정도다. 20년 전 처음 VMD 분야를 시작해 매뉴얼을 만들고, 자료를 모으고, 강의도 하면서 외국 번역본을 끙끙거리며 읽었던 사람으로서 참 기쁜 일이다.

대학 졸업 후 SS패션(현 제일모직)에서 일하게 되었다. 출근해서 첫 달은 영업사원과 함께 백화점과 로드숍 등을 돌아다니며 앞으로 VMD를 교육하고 연출하게 된다고 인사를 했다. 선배도, 자료도 없는 VMD의 세계는 그저 막연하기만 했다.

그리고 다음 달부터 매장을 방문해서 내 느낌에 괜찮아 보이는 아이템들을 마네킹에 입히고 연출했다. 순전히 나의 주관적인 감각에 의존한 연출이었다. 지금 생각하면 그야말로 패기였다. 다음 날 매장을 찾으니 마네킹에 입힌 옷이 완판이 되었다. "매출이 올랐습니다!" 이 말에 묘한 감정이 들었다.

그 후 전국의 VMD들은 직매장에 모여서 함께 진열하고 연출하는 프로젝트를 했다. 이 프로젝트는 지금 각 브랜드마다 있는 매뉴얼과 시스템의 시초가 되었다. 매뉴얼이 완성될 때쯤, 생산적 파괴를 좋아하는 나는 개성을 죽이는 매뉴얼에 불만을 갖고 내 나름대로 좀 더 튀도록 연출하려고 노력했다. 돌아보면 그 어리석음과 무모함에 얼굴이 화끈거린다.

백화점 연출팀으로 활동할 때는 층별 메인 연출과 시즌 이벤트 연출이 주 업무였다. 단 하루 만에 끝내야 하는 '전쟁'이었다. 에스컬레이터도 멈

백화점 시즌 이벤트 연출

춘 상태에서 아래층 위층을 정신없이 오르내려야 했다. 발바닥이 아파 운동화도 벗고 맨발로 뛰었다. 새벽 3시쯤 간식을 먹으면서 다른 VMD들과 함께 완벽한 연출을 상상하곤 했다. 아침 6시, 연출을 끝내고 시원한 새벽바람을 맞으며 돌아오던 느낌이 지금도 생생하다.

아직 해가 뜨기 전, 대부분의 사람이 잠을 자고 있거나 출근 준비를 할 때 나는 퇴근을 했다. 일을 마친 기쁨과 함께 누군가의 눈과 마음을 즐겁게 해주었다는 보람, 그리고 매출이 얼마나 오를까 하는 즐거운 기대가 밀려왔다. 눈치가 빠른 사람은 아침부터 백화점 쇼윈도의 마네킹이 바뀐 것을 알아챌 것이고, 무심히 보는 사람도 곧 여름이 다가오고 있음을 알게 될 것이다. 이 모든 것을 사진으로 찍고 문서화했으며 강의 자료로 활용했다.

VMD 역량을 기르기 위해 컬러 진단, 마케팅, 퍼스널브랜딩 등 다양한 공부를 해왔고, 지금도 하고 있다.

흔히 "좋아하는 일을 해야 성공한다"라고 말한다. 동의한다. 단 VMD의 경우는 반만 맞는다. VMD는 자신이 좋아하는 건 물론 내가 연출한 것을 다른 사람도 좋아해야 한다. 그래야 지갑을 연다. VMD로 일을 시작했던 신입사원 시절부터 지금까지 고민하는 부분이다. VMD의 자격은 탁월한 감각뿐만이 아니라 그것을 자본으로 바꾸는 능력까지 갖춰야 한다.

물론 VMD는 고유의 감각과 감성이 있어야 한다. 하지만 감성에 매몰되면 안 된다. 고객에게 브랜드의 이미지를 전하는 한편 영감과 신선한 경험까지 주어야 하기 때문이다. 또한 궁극적인 목적은 '매출 상승'이기 때문에 개인의 취향을 고집하면 실수를 하게 된다. 각 브랜드의 전략에 따라 상품의 주제를 맞춰야 한다.

마네킹 코디네이션도 마찬가지다. 감각도 중요하지만 평상시 옷을 갖춰 입는 것과는 다른 점이 있다. 개인은 자신에게 맞는 감각으로 코디를 하면 되지만 마네킹 코디네이션은 특정한 장소 안에서 하나의 일관된 메시지를 표현해 주어야 한다. 그래서 가장 먼저 생각해야 할 것은 브랜드의 색깔이다. 각 브랜드마다 가지고 있는 특색 전체를 통해 잘 드러나게 보여주어야 한다.

VMD는 자신의 감각과 고객의 접점을 찾아야 한다. 아무리 내 감각이 좋아도 고객이 좋아하지 않으면 자본으로 연결되지 않는다.

언젠가 『피플』에서 도예가 이창화를 인터뷰했다. 그는 '나다움'과 어우러지는 객관성으로 승부하며 남다른 조형미로 사람들을 매료시킨다. 현재 우리에게 필요한 도자기가 무엇인지 늘 고민하면서 자신만의 선과 느낌을 표현하려고 애쓴다.

> "조형작업은 다분히 주관적인 작업이에요. 내가 이런 의도에서 만들었으니 이렇게 보아달라고 사람들을 이해시키면 돼요. 하지만 쓰임이 있는 그릇은 내 마음대로 만들면 안 되더라고요. '객관성'이 전제가 되어야 해요. 쓰는 사람 입장에서 생각하고 디자인하고 만들어야 어필할 수 있더라고요."

말하자면 주관적 감각에 객관성이 더해져야 비로소 상품이 된다는 것이다.

이렇듯 무엇이든 자본이 되려면 고객과의 접점이 중요하다. 가려운 곳을 긁어주어야 소비자가 감동을 하고 구매를 하게 된다. 바로 그때 감각은 자본이 되는 것이다.

누가 봐도 좋은 것을 볼 수 있는 평균치의 가로축과, '나다움'의 탁월함이라는 세로축의 접점이 바로 당신의 '감각'이다.

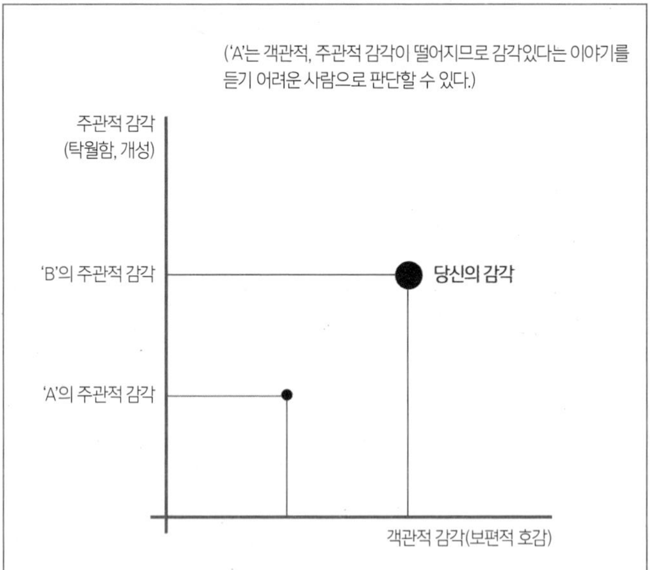

감각,
내가 살아있음을
증명한다

『태양의 제국』이란 영화를 본 적이 있다. 지금은 세계적인 스타가 된 배우 크리스천 베일의 어린 시절 연기를 볼 수 있다. 지리멸렬한 전쟁이 벌어지는 동안, 주인공 짐은 기나긴 피난행렬에서 삶과 죽음을 겪는다. 피난민이 도착한 폐허가 된 마을에는 일본군이 약탈한 물건을 쌓아놓은 곳이 있다. 그곳에서 한 여자 피난민이 눈을 감고 피아노를 친다. 피아노 소리를 들으며 무심히 하늘을 바라보는 짐의 눈빛이 미세한 변화를 일으킨다.

이 장면이 나의 마음을 사로잡았다. 언제 목숨을 잃을지 모르는 상황에서 피난민 여인은 피아노를 치고, 짐은 그 소리를 듣고 있다. 폭탄이 터지고 죽음이 난무하는 전쟁터에서 피아노 소리는 어떤 의미였을까. 그들은 어쩌면 소리라는 감각을 통해 살아있음을 느꼈을지 모르겠다.

심리학자 빅터 프랭클은 아내의 손을 꼭 잡고 싶은 마음과 논문을 끝내고 싶은 열망으로 지옥 같은 아우슈비츠에서 살아남은 이야기를 『죽음의 수용소에서』 속에 담았다. 그는 배급된 물 한 컵 중 반은 마시고 나머지 반 컵으로 세수를 했다. 유리조각을 구해 수없이 베이고 상처가 나면서도 면도를 게을리하지 않았다. 물 한 모금조차 아쉬운 상황에서 자신을 가꾸며 촉감이라는 감각을 통해 살아있음을 느낀 것이 아닐까 싶다.

자기를 꾸미고 아끼는 것을 귀찮아하는 사람이 의외로 많다. 제대로 꾸미기 위해서는 시간과 돈이 들기도 한다. 굳이 그렇게 할 필요가 있는지 묻는 사람도 있다. 감각을 실천하는 건 자유지만, 자신이 살아있음을 바로 감각이 증명한다는 건 분명한 사실이다.

나이별로 모이면 공통된 대화 주제가 있다. 40~50대는 부동산 이야기를 빼놓을 수 없다.

내가 속한 한 모임에 부동산으로 큰돈을 번 선배가 있다. 그가 나타나면 모두들 투자 방법을 묻는다. 비싼 수입차를 몰고 온 날은 모두 부러움의 눈길을 보낸다.

그는 때때로 아들의 청바지를 빌려 입곤 했다. 모두들 그의 감각에 칭찬을 보냈지만, 사실 아들의 청바지와 큐빅 넥타이를 맨 상의는 매치가 안 된다. 나는 조용히 다른 스타일을 추천했지만 선배는 흘려듣는 듯했다. 오히려 다들 멋지다고 하는데 왜 그러냐고 반문을 했다. 형식적인 칭찬 때문에 자신이 멋있다고 생각하는 것인지, 칭찬을 하는 그들도 선배도 진짜 그것이 좋아 보이는 것인지 궁금해진다.

얼마 후 선배로부터 개인적으로 보자는 연락이 왔다. 그의 첫마디는 의외였다. 머릿속에 돈 생각만 있으니 지친다는 설명이다.

머릿속에 돈 생각만 있다면 어떨까 생각해 본다. 맛있는 커피가 있어

'그럴싸한 사람'들과 어울리면
'그럴싸한 사람'이 된 것같이 여긴다.

'나다운 사람'으로
'너다운 사람'과 그렇게 오손도손 살아가자.

도 돈으로 보일 것이고, 인테리어가 멋진 곳을 방문해도 돈으로만 보이지 않을까 싶었다. 오감을 통해 현재를 맘껏 즐길 수 있는데 돈만 떠오른다면 얼마나 피곤할까. 그에게 이미지 메이킹 컨설팅을 해주며 "오감을 열고 현재를 즐겨라" 하고 말해주었다.

사람은 영과 혼과 육체로 이루어진 존재다. 그리고 감각은 혼이 느끼는 것을 육체로 표현하는 것이다. 감각은 타고나는 경우가 많지만 후천적으로 학습을 통해서도 얼마든지 가꾸어 나갈 수 있다.

감각 없이 온통 한 가지에만 집중한다면 현재를 살아가는 사람이 아니다. 우리는 과거나 미래에 살 수 없다. 오직 현재를 살아가는 존재다. 현재를 산다는 것, 그것은 감각을 통해서만 알 수 있다.

강신재의 소설 『젊은 느티나무』에 이런 대목이 있다.

> "그에게서는 언제나 비누냄새가 난다. 아니, 그렇지는 않다. 언제나라고 할 수는 없다. 그가 학교에서 돌아와 욕실로 뛰어가서 물을 뒤집어쓰고 나오는 때면 비누냄새가 난다."

작가는 전처 소생의 22세 대학생 현규와 후처 소생인 18세 여고생 숙희의 슬프면서도 기쁜 사랑을 '비누냄새'로 나타냈다.

신경심리학자들은 기억을 설명할 때 '프루스트 효과'를 자주 인용한다. 프루스트 효과는 마르셀 프루스트의 유명한 소설 『잃어버린 시간을 찾아서』의 주인공이 마들렌의 냄새를 맡으면서 어린 시절을 회상하는 것에서 나온 용어다. 즉 후각이 마음속 깊이 숨은 기억을 떠올리는 촉매 역할을 한다는 뜻이다. 독일의 소설가 쥐스킨트의 『향수』는 향기에 비정상적으로 집착하는, 후각에 예민한 주인공을 그린 작품이다.

후각은 특히 기억과 관련이 많다. 예를 들어 빵집 앞에서 빵 굽는 냄새를 맡으면 어렸을 적 엄마가 구워주던 빵이 떠오르면서 밀가루 반죽을 함께하던 일, 그때 나누었던 이야기들까지 상세하게 떠오르곤 한다. 때로는 길을 가다 무심코 맡은 어떤 향수 냄새가 이별한 연인을 떠올리게 하고, 그 당시 연인이 입었던 옷이나 핸드백 등이 기억나기도 한다.

이렇게 우리가 감각으로 쌓았던 경험들은 알게 모르게 무의식 저변에 깔려있다. 그리고 이런 기억이나 감각의 경험들은 '지금 내가 이곳에 살아있구나'라는 생각을 하게 해준다. 우리는 이렇게 오감을 통해 자신의 존재를 확인한다. 사람을 만나고 어느 공간에서 음악을 듣고 함께 영화를 보고 사랑을 하고 운동을 하며 살아가면서 우리는 오감을 만족시킬 때 기쁨을 느끼고 행복해지게 된다. 어쩌면 살아가는 일은, 감각을 날마다 연속적으로 느끼는 것이라고 말할 수도 있다.

또한 우리는 수많은 감각으로 자신을 표현하고 다른 사람들과 소통한다. 감각이 풍부한 사람은 다른 사람이 하는 것을 맹목적으로 똑같이 따라하지 않는다. 자신의 모습이 아니라고 생각하기 때문이다. 가끔 자신이 원하는 것이 아니라 타인이 원하는 것을 하면서 그들에게 보여주기 위한 삶을 살아가는 사람들을 본다. 하지만 진정한 감각이란 다른 이들에게 조종당하지 않는, 스스로의 삶에 집중하며 살아가는 것이다.

남들이 보기에 가장 좋을 때, 그때가 내가 가장 좋을 때가 아니며
남들이 보기에 가장 힘들 때, 그때가 내가 가장 힘들 때가 아니듯
남들의 '시선'과 나의 '행복'은 달랐다.

똑같아야
한다고
교육받았을 뿐

어린 시절에는 자신과 남이 다르다는 사실을 이름을 통해 알 수 있다. 이름을 통해 자신의 존재를 어렴풋이 알게 되는 것이다. 그리고 차츰 커 가면서 자신의 존재를 다양한 방법으로 표현한다. 때로는 심술쟁이가 되고 때로는 귀염둥이가 되기도 한다. 하지만 어린 시절에는 자아가 강해 남의 눈치를 보지 않는다. 자신의 감각을 표현하는 것도 눈치를 보지 않는다. 그러다 나이가 들고 '사회화 교육'을 받으면서 자신의 감각을 절제하고 타인의 눈치를 보기 시작한다. 타고난 감각을 줄이고, 사회가 요구하는 감각으로 자신을 채워 나간다.

인터넷에 이런 현상을 잘 나타낸 사진이 있다. 유치원 아이들이 무지개 색깔별로 점퍼를 입고 예쁜 포즈로 사진을 찍는다. 또 다른 사진이 올라온다. 출근시간의 지하철, 남녀 할 것 없이 모두 검정색 점퍼를 입고 있다. 그리고 이어지는 글. '결국 다 검은색 점퍼를 입는다.'

'감각 전문가'로서 동의하기 싫지만 동의할 수밖에 없는 현실이다.

또 다른 사진을 보자. 고등학교 조회시간인 듯, 30여 명의 학생들이 한때 유행했던 유명 브랜드 점퍼를 입고 있다. 색깔은 모두 검은색이다. 사진 속 학생들이 입고 있는 검은색 점퍼는 결국 '무난함'을 선택했다는 것을 보여준다.

우리는 자신만의 개성을 가지고 성공한 사람을 선망한다. 하지만 막상 일상생활에서는 누군가 '튄다' 싶으면 찍어내기 바쁘다.

나는 아주 보편적인 정서로 살고 있는 사람이다. 나 스스로 생각할 때는 그다지 튀지 않는데, '독특하다' '특이하다'라는 시선을 꽤 받았다. 선망과 찍어내기, 두 개가 교차하는 시선이다. 아이러니한 건 그러면서도 독특함이나 특이함이 필요한 자리가 있으면 동행해주기를 바라거나 스타일 코칭을 내게 요청한다는 것이다.

누구나 달라지기를 원하지만 달라지는 것에 대해 자신만의 철학을 가지고 있지 못하기 때문이다.

'엔젤'(angel)은 날씬하고 탄력적인 몸매를 지닌 속옷모델을 뜻하는 말로 쓰인다. 1997년부터 미국의 속옷 브랜드 '빅토리아 시크릿'이 전속모델을 엔젤로 지칭하면서부터다. 섹시하고 날씬한 몸매에 시선을 잡아끄는 란제리를 착용하고 런웨이를 누비는 엔젤은 전 세계 여성들의 선망이다. 그런데 이 '엔젤 따르기'에 반대하는 광고캠페인이 등장했다. 플러스사이즈 여성 의류 브랜드 '레인 브라이언트'다.

이 회사의 광고에는 '덩치 있는' 여성들이 등장한다. 그들은 'I'm No Angel'을 외쳤고, 이는 평범한 여성들에게 날씬하기를 강요하는 풍토를 강타했다. 날씬한 여자만 '섹시'한 것이 아니라는 이 메시지는 많은 여성들의 공감을 얻었고, 있는 그대로의 자신을 사랑하라는 분위기가 확산되었다. 덕분에 미국 의류업계도 변화의 물결에 휩싸였다.

유행을 따른다는 것은 결국 중간지대에 서 있겠다는 뜻이다. 중간지대에는 '나'는 없지만 '우리'가 있다. 아니, '우리라는 느낌'이 있다. 우리 안에 있으면 왠지 편안하고 익숙하다. 하지만 자신의 존재는 희미해진다.

언젠가 SBS 『세상에 이런 일이』라는 프로그램에 반짝이 옷만 입는

패턴에 갇히다.

특이한 부부의 사연이 소개되었다. 그들은 남의 시선을 아랑곳하지 않는다. 오히려 그 시선을 즐긴다. 집에도 온통 반짝이 옷뿐이다. 젊은 시절 너무나 가난해서 옷 한 벌 제대로 사 입지 못했던 부부는 세월이 흘러 멋지게 살고 싶다는 마음에 반짝이 옷을 입는다. 소위 '튀기' 시작한 것이다. 자녀들 역시 젊게 사는 부모님을 자랑스럽게 생각한다. 부부는 반짝이 옷을 입으며 날마다 자신들만의 축제를 벌인다. 이처럼 자신의 감각에 충실해지면 삶을 축제로 만들 수 있다. 반면에 남의 시선에 따라 좌우되는 삶은 축제가 아닌 숙제가 된다.

권정생 선생의 동화 『강아지 똥』의 주인공인 강아지의 '똥'은 자신의 존재 이유를 찾기 위해 몸부림치지만 고정관념에 갇힌 세상 사람들 모두 더럽고 쓸모가 없다고 멸시하자 절망한다. 하지만 똥이 거름이 되어 주면 아름답게 꽃을 피울 수 있다는 민들레꽃을 만나 자신의 정체성을 깨닫게 된다.

다른 사람의 성공이나 업적을 자신과 비교하면서, 획일화된 선에 도달하려고 노력하는 사람들이 너무나도 많다.

우리는 감수성이 예민한 어린 시절부터 획일화된 교육을 받고 자란다. 다른 이들의 시선이 부담스러워 튀는 것을 싫어한다. 비슷한 옷을 입고 비슷한 아파트에서 가구도 비슷한 것을 놓고 산다. 옆집 아이들이 다니는 학원에 우리 아이를 등록시켜야 안심이 되고, 다른 사람이 사는 브랜드 상품을 사면서 자부심을 느낀다.

이제 자신만의 길을 찾아야 한다. 옆집 사람이 간다고 해서 그 길을 무작정 따라갈 수는 없다. 타인의 시선에 주눅 들지 않고, 남의 말에 절망하지 않고 정체성을 찾아가는 것이야말로 인생의 가장 큰 축복이라 할 수 있다.

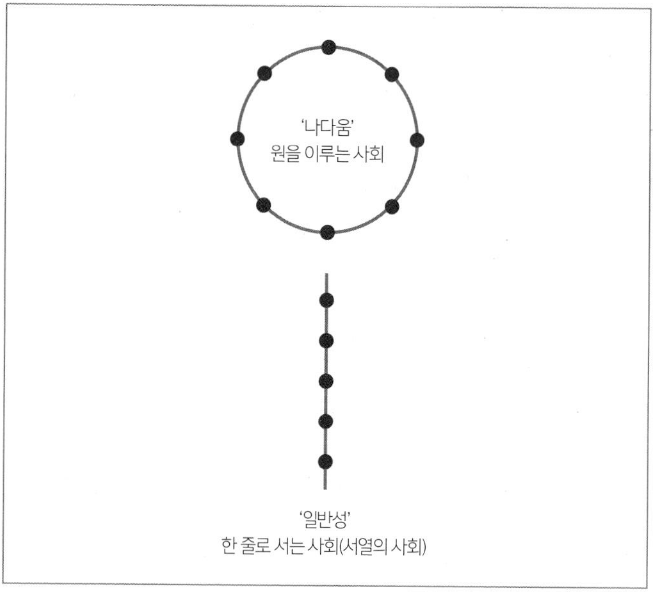

고객의 지갑은 이성적이지 않다

현대인은 증명된 과학을 믿고 따른다. 실험 결과와 숫자, 통계로 얻은 지식을 신뢰한다. 그리고 스스로를 이성적인 존재라고 인식한다. 가격 대비 효과, 이른바 가성비를 먼저 생각하는 스스로를 이성적인 소비자라고 생각한다. 과연 그럴까?

예를 들어 보자. 차를 몰고 피트니스센터에 간다. 주차는 되도록 입구 가까운 곳에 하고, 엘리베이터로 피트니스센터까지 올라간다. 조금이라도 덜 걷기 위해서다. 그러고는 러닝머신에서 열심히 뛴다. '칼로리 소모'라는 측면에서 보면 '이성적인 소비'와는 거리가 멀다.

몇 년 전 대한민국을 강타한 과자가 있었다. 얼마나 맛이 좋았는지, 마트 앞에 줄을 서서 기다리기도 했다. 과자가 나오자마자 동이 나는 바람에 예약 판매까지 했고, SNS에는 과자를 구매했다는 인증 사진이 자랑스럽게 떠돌아다녔다. 심지어 1,500원짜리 과자에다 잘 안 팔리는 과자를 함께 묶어서 판매하기도 했다. 이 역시 없어서 못 팔았다. 아무리 열풍이라 하더라도 이성적으로는 도저히 이해할 수 없는 일이다.

제럴드 잘트만 하버드대 교수는 "소비자의 욕구는 단지 5%만이 외부로 표현되고, 나머지 95%는 무의식적인 형태로 내재돼 있다"라고 말했다.

사람들에게 어떤 상품을 본래 가지고 있는 가치보다 수십, 수백 배나 더 많은 돈을 주고 구입할 수 있느냐고 묻는다면 바로 제정신이냐고 반문할 것이다. 어쩌면 질문하는 것조차 기분 나빠할 수도 있다. 하지만 앞의 과자 열풍에서 보았듯이 실제로는 자신도 모르게 그런 소비를 하고 있다. 그러면서 스스로는 합리적이고 이성적이라고 믿고 있다.

뿐만 아니다. '브랜드'가 붙었다는 이유 하나로 수십, 수백 배나 더 많은 돈을 지불하는 경우가 비일비재하다. 바보라서 그런 게 아니다. 우리는 원래 그렇게 이성이 아니라 감성으로 소비를 하면서 살아왔다. 이성을 뛰어넘는 감성은 잘잘못을 따질 요소가 아니다. 이성보다 결정을 빨리 할 수 있는 오감과 직관으로 소비를 판단하는 건 사람의 오랜 습관이다.

과거 인류는 지독한 환경에 놓여 있었다. 특별한 '무기'가 없었던 호모 사피엔스는 맹수들의 좋은 먹이였다. 살아남기 위해 오감을 이용할 수밖에 없었다. 후각으로 맹수의 냄새를 맡으면 도망을 가야 했고 먹잇감을 찾기 위해 시각을 동원했다. 오감을 통해 소비를 결정하는 건 생존투쟁의 결과라고 할 수 있다.

물건을 만드는 사람은 소비자가 빨리 구매를 결정하고 좋은 물건을 구매할 수 있도록 도와주어야 한다. 오감과 직관을 활용해서 말이다.

액세서리를 판매하는 곳에서 컨설팅 의뢰가 들어왔다. 가서 보니 처음부터 산만한 느낌이 들었다. 특히 컬러 분산이 심했다. 목걸이면 목걸이, 반지면 반지 등 아이템별로 진열을 했지만 컬러는 제각각이었다. 일단 색깔별로 진열을 다시 했다. 30분도 안 걸린 작업이었다. 다음은 조명을 살펴보았다. 강한 하얀색 조명이었다. 하얀색 조명 아래서 거울을 보면 너무 극사실적이라서 감성은 사라지고 이성이 살아난다. 특히 하얀 조명 아래에서 거울을 보는 것은 여자에게 아주 치명적이다. 주근깨와 주름살까지 다 보이기 때문이다. 핀조명 3개를 구매해서 노란색으로 바꿨다. 아늑한 노란색 조명 아래에서 거울을 보면 여성스러움이 잘 드러난다.

일주일 후에 찾아가서 매출이 어떻게 변화했는지 체크했다. "매출이 30%나 올랐습니다"라는 대답이 돌아왔다. 효과가 바로 매출로 연결되니 나머지는 일사천리였다.

물론 진열방식과 조명을 바꾼다고 해서 갑자기 새로운 고객이 등장하는 건 아니다. 시각적인 요소만 변경한 것으로 고객이 지갑을 열었다는 사실이 중요하다.

잊지 말라. 고객은 이성적이지 않다. 구매를 결정하는 것은 이성이 아니라 느낌이다.

『야생의 고객』을 쓴 유니타스 클래스의 김경필 대표 역시 고객은 꼭 이성적으로만 상품을 선택하지 않는다고 말한다. 또 그는 '인간 사회의 중심에는 이성의 사고뿐만 아니라 야생의 사고가 존재한다'는 사실을 깨우쳐준 인류학자 레비 스트로스라면 현대의 고객을 이렇게 정의할 것이라고 말한다.

"장화를 구매하는 오늘날의 고객은 이성의 고객이 아니라 야생의 고객이다."

20대 후반의 한 여성은 장화를 장만하고 비가 오기를 기다린다. 직장인들에게 비는 반갑지 않은 손님이다. 그런데 이 여성은 비를 기다린다. 여성들에게 장화는 '방수 기능을 갖춘 신발'이 아니다. 비 오는 날 예쁜 색깔의 우산을 쓰고 세련된 디자인의 장화를 신은 여성은 소녀처럼 깜찍하고 낭만적이다.

육체는 이미 어른이지만 마음은 아직 어린 사람을 '키덜트'(Kid+Adult)라고 부른다. 요즘 이들의 지갑이 열리고 있다. 매너리즘에 빠져 지쳐버린 어른들은 가끔 동심으로 돌아가고픈 욕망을 느낀다. 그래서 장난감에 관심을 가지고 취미생활을 즐긴다. 온라인 쇼핑몰 업체들도 발 빠르게 기획전을 개최하고 키덜트 전용관을 열었다. 키덜트 시장은 매년 20~30%씩 성장하고 있다. 미국의 경우는 시장 규모가 12조~15조 원이고, 일본 또한 6조 원에 달한다. 얼마 지나지 않아 우리 시장도 1조 원에 육박할 것이란 전망도 나온다. 바야흐로 유통업계의 주 고객으로 성인 남성이 떠올랐다.

최근 인기 아이템으로 '레테크'가 뜨고 있다. 레고로 재테크를 하는 것이다. 블록 장난감 레고는 본래 가격이 높지만 마니아 위주로 수요가 많은데, 새로운 재테크 방법으로 레테크가 부상하고 있는 것이다. 특정 스토리가 담긴 시리즈나 한정판은 거래 가격이 상상을 초월한다.

키덜트는 왜 한낱 플라스틱 장난감에 엄청난 금액을 지불하는 것일까. 자신들이 가지고 놀았던 장난감에는 그 시절을 함께했던 사람들에 대한 추억이 깃들어 있기 때문이 아닐까. 이는 인간이 소비를 할 때 결코 이성적이지 않다는 것을 말해준다. 마케팅의 대가들이 감성, 감성을 외치는 이유가 바로 여기에 있다.

감각도 마찬가지다. 이성을 이기는 게 감각이다. 이성적이지 않은 고객을 설득하는 건 바로 감각이다.

맛과 멋과 감성

마케팅의 대가들이 감성, 감성을 외치는 이유가 바로 여기에 있다.
감각도 마찬가지다.
이성을 이기는 게 감각이다.
이성적이지 않은 고객을 설득하는 건 바로 감각이다.

감각으로 백화점을 이긴 상점의 비밀

요즘 막강한 백화점을 이기고 지역 명물로 떠오른 소점포 브랜드가 많다. 본래 백화점은 편리성과 다양성으로 무장한 곳이다. 이를 이겨낸 지역 명물은 철저히 감각과 스토리로 무장한 곳이다. 거기에 실험정신까지 더해졌다.

제과나 제빵에 관심 있는 사람이 아니더라도 '성심당'을 들어본 사람이 많을 것이다. 프랑스의 미슐랭 가이드에 선정되었을 정도로 유명세를 타고 있는 성심당은 대전이라는 지역을 넘어 전국적으로 알아주는 명물이 되었다.

성심당은 제과점업계의 통념을 뒤집고 빵과 케이크를 분리하는 시도를 했다. 케이크 전문매장 '성심당 케이크 부티크'를 시작한 것이다. 그것도 백화점 1층에서 말이다. 백화점 1층은 면적당 효율이 높아 화장품이나 명품 브랜드가 주로 들어오는데, 케이크 전문점으로 입점을 했으니 그야말로 파격적인 시도였다. 그리고 대전역에는 성심당 매장이 있다. 주변에 유명 브랜드 프랜차이즈가 많지만, 성심당의 대표 상품인 튀김 소보루는 줄을 서야 구입할 수 있을 정도로 인기다.

최태영은『대한민국에서 사장이 된다는 것』이라는 책에서 성심당의 성공 비결을 네 가지로 평가했다.

1) 본질을 알 때까지 고민하라.

2) 끊임없는 신제품 개발.

3) 시식코너 운영.

4) 맛에 진정성을 담아라.

빵과 케이크의 본질과 진정성이라는 보편적 가치, 끊임없는 제품 개발을 통한 성실함, 오감 중 하나인 미각을 활용한 마케팅이 바로 성공요인이라는 것이다.

성심당 대전역점은 기차 내부처럼 의자를 배치해 마치 여행을 하며 추억의 빵을 먹는 분위기를 연출하고 있다. 집기들도 빵의 컬러감과 비슷한 자연 소재의 쟁반과 바구니로 구성되어 있으며 볼륨감 있는 진열을 통해 구매욕을 자극한다. 노란 조명들이 따뜻하고 아늑함을 더해주고 있다. 또한 직원들의 움직임과 고객들의 움직임도 마치 리듬감 있는 퍼포먼스 같다.

성심당뿐 아니라 백화점을 이긴 매장들은 모두 감각을 활용한다.

'청년드림' 사업을 통해 청년 상인들을 지원해 온 동아일보에서 한국 전통시장 청년상인 12명과 함께 일본 도쿄 남쪽의 '긴류카이 상점가'를

나 귀엽지?

찾았다. 이곳은 1949년 상인들이 조합을 만들고 공동으로 발전 전략을 짜온 곳으로, 매출이 가장 큰 상점가다. 1990년대에 대형 쇼핑몰이 몇 개나 주변에 들어섰지만 결코 밀리지 않았다. 그런데 아무리 봐도 '특별한 비결'을 찾을 수가 없어서 함께 간 청년 상인들은 꽤나 답답해했다. 시장 대표가 비결이라고 말한 것은 누구나 아는 경품 행사, 시즌별 마케팅 등 평범한 것이었기 때문이다.

그런데 한참 점포를 돌아보다가 답답함이 풀렸다. 그것은 '상인들의 몸에 밴 친절과 배려' 그리고 모든 상품에 가격을 표시하는 등의 기본적인 것들이었다. 또 상인들은 조합비로 비가 오면 지붕을 닫는 개폐식 아케이드를 설치해서 비가 오거나 눈이 올 때 쇼핑이 불편한 전통시장의 단점을 커버했다.

아무리 조그마한 상품이라도 일본에서는 모두 가격 표시가 되어 있다. 이외에도 일본 상인들이 소비자의 신뢰를 얻는 방법은 다양하다. 예를 들어 라면집에는 벽면에 포장지가 하나씩 붙어 있다. 라면에 들어가는 재료들을 보여주는 것이다. 쌀 포장지 뒷면에는 자세한 설명과 함께 조리법까지 쓰여 있다. 정육식당을 운영하는 정다정(28·여) 씨는 "상인들에게서 진심이 느껴졌다. 한국의 판매원들에게서 느껴지는 형식적 서비스나 '삶에 찌든 표정'과는 다른 것이었다"라고 말했다. 상인들의 진심이 고객의 마음을 열었다고 할 수 있다.

가와사키 시에 있는 브레멘도오리 상점가는 1990년에 유럽의 중세 도시를 테마로 만들어졌다. 독일의 브레멘 시로부터 이름을 사용해도 된다는 허가도 받았다. 그래서 이 상점가는 거리 곳곳에 브레멘을 상징하는 동물 동상을 배치하고 상인들이 브레멘음악대를 조직해서 정기 공연도 한다. 이로 인해 상점가를 찾는 사람들이 세 배가량 늘었다고 한다.

이젠 스토리와 감성으로 승부해야 한다. 어떤 상품이든 스토리를 더해야 눈과 귀를 사로잡을 수 있다. 꽃을 팔 때도 그렇다. "장미꽃 사세요, 장미꽃 사세요!" 하고 소리를 지르는 것보다 "장미꽃 사세요! 장동건이 고소영에게 사랑 고백할 때 줬던 장미꽃입니다!" 하고 외치면 지나가던 사람들이 발길을 멈추고 너도나도 관심을 보일 것이다. 오감을 자극하는 스토리가 마음을 움직이고 구매력과 연결되는 것이다.

또 나름대로 편리함과 다양성을 위해 노력해야 한다. 소비자는 감동을 해야 지갑을 연다. 주변이 지저분하고 주차가 불편하면 두세 번 갈 것도 한 번으로 줄이고, 결국은 아예 가지 않게 된다. 이젠 장사만 하면 매출을 올리던 시대는 지났다. 유통단계의 변화로 인해 고객들은 다양한 쇼핑을 경험하게 되었고 눈높이가 달라졌다. 또 자영업이 많아지면서 경쟁도 심해졌다.

백화점은 수시로 직원들을 교육한다. 하지만 전통시장과 소상공인들은 아직 부족한 부분이다.

상인들이 모두 VMD가 되라고 주문하고 싶다. 우리 매장의 주력상품인 아이템과 어울리는 컬러와 집기, 조명, 동선들이 모두 하나의 콘셉트로 통일되어 고객에게 브랜드 인지도를 높이고 다른 매장과 차별화된 독특하고 특별한 아이덴티티를 전달해야 한다.

소재감을 짝꿍끼리.

집기의 높이와 상품 가격에 맞는 볼륨감(저가 상품은 볼륨감 있게, 고가 상품은 희소성 가치를 위해 소량 진열)을 통해 고객들의 호기심을 자극하고 만족감을 높일 수 있도록 신경을 써야 한다.

결국 감각이다. 백화점을 이긴 모든 곳에는 감각이 있다.

치밀한 감각이 관성을 벗게 해준다

"선배님, 정말 바뀌지 않아요."

백화점에서 근무하다 소상공인 VMD로 전환한 후배에게 전화가 왔다. 1년 남짓 일하며 사람은 정말 바뀌지 않는다는 걸 느꼈다고 한다. 백화점은 점주, 직원 할 것 없이 철저히 교육을 받고, 바뀌지 않으면 불이익이 있으니 변화할 수밖에 없다. 하지만 소상공인은 쉽지 않다.

나는 백화점에서 일하는 점주나 직원도 백화점을 벗어나면 비슷할 것이라고 말했다. 불이익이 있으니 변하는 것일 뿐, 사실은 대부분 변화를 싫어한다. 피곤하고 귀찮고 불확실하기 때문이다. 고가의 컨설팅을 받아도 시간이 지나면 관성의 법칙처럼 다시 원위치로 돌아오는 게 우리들 인간이다.

감각을 키우는 길은 멀리 있지 않다. 게다가 의외로 쉽다. 중요한 건 변화를 받아들이는 자세다. 현대는 세일즈 사회다. 모든 것이 과잉 공급되면서 어떤 업무, 어떤 직업을 택하건 판매에서 자유롭지 못하다. 물건이 좋고, 실력이 좋아도 판매하지 못하면 사라진다. 또한 우수한 성능만으로 판매가 되는 시대도 끝났다. 고객은 스토리와 디자인에 지갑을 연다. 스토리를 만들고, 새로운 디자인을 만드는 것이 감각이다. 감각을 키워야만 판매로 이어질 수 있다. 감각을 키우기 위해서는 변화가 필요하다.

변화의 작은 씨앗을 나를 사랑하는 것부터 시작하면 어떨까?

기업 임원으로 구성된 모임에서 4주짜리 퍼스널이미지 관리 교육을 의뢰했다. 즉시 팀원을 꾸려 마인드, 이미지, 리더십, 비즈니스 적용 등의 교육을 했다. 임원은 회사의 꽃이 아닌가. 어떤 사람들이 올까 내심 기대했다. 하지만 첫 느낌은 실망이었다. 모두들 업무에 치여 지쳐 있었다. 그래서인지 강의를 듣기보다는 쉬고 싶어 한다는 느낌이 강했다.

마인드 교육 시간에 퍼스널이미지의 핵심은 나를 사랑하는 마음과 감각을 키우는 것이라고 강의했다. "감각을 키우기 위해서는 사소한 음식이라도 되도록 잘 어울리는 그릇에 담고, 사진도 이미지에 맞는 컬러나 콘셉트가 필요하다" 등 다양한 방법을 이야기했다. 잠시 후 누군가 질문을 던졌다.

"여유 있고, 시간이 많으면 그렇게 합니다. 퇴근하면 잠자기 바쁜데, 언제 합니까?"

"살면서 언제 여유가 있었나요? 다 바쁘지요. 그럼 4주 동안 매일 '5분씩 거울 보기' 한번 해볼까요? 변화가 없으면 교육비는 다 돌려드리겠습니다. 단 제 메신저로 매일 상황을 보여주세요."

당돌한 답변에 놀라는 눈치였지만, 그도 지기는 싫었는지 하겠다고 했다. 다음 날 8시 30분 메신저에 거울 사진과 함께 "무엇을 해야 하나요?" 하는 질문이 올라왔다.

"아무 생각 없이 양볼(광대)에 힘을 주고 거울을 딱 5분만 보세요."

그렇게 일주일이 흘렀다. 그는 2주차 교육시간에 머리를 단정히 하고 BB크림을 바르고 왔다. 3주차에는 패션이 달라졌고, 4주차에는 점

원하지 마라.
인생의 시나리오는
내 몫!

매일매일
당신의 반짝임이
머지않아
당신의 '아우라'가 될 것이다.

을 빼러 간다고 했다. 그리고 소감 발표 시간에 스스로 변화했음을 인정했다. 그 후 그는 이미지메이킹 강사로 데뷔까지 했다.

21일 법칙이라는 것이 있다. 21일 동안 같은 일을 반복하면 습관이 된다는 이론이다. 말하자면 그는 30일 동안 거울 보기를 하면서 바꿔야 할 점을 스스로 발견하고 행동으로 옮긴 것이다.

중요한 것은 아주 작은 반복의 힘이다. 감각을 키우는 일은 거창하고 거대한 일이 아니다. 요리를 할 때도 한번쯤 평소와 다른 방식으로 해보면 어떨까? 아니면 늘 가는 카페지만 평소와 다른 방식으로 연출 사진을 찍어보는 것도 좋다.

VMD는 치밀함이 필요하다. 상품 진열도 치밀하게 계획을 짜서 관성을 벗어날 수 있게 된다. 본래 기본적인 상품의 진열원리는 작은 것부터 큰 것으로, 밝은 색에서 어두운 색으로, 가벼운 것에서 무거운 것으로 그리고 디자인 요소가 적은 것부터 많은 것으로 좌우, 상하, 전후로 적용한다.

또 아래로 갈수록 무거운 것을 진열해야 한다. 그리고 따뜻한 색을 강조할 때는 따뜻한 색, 차가운 색, 무채색, 중간색 순서로 하고, 차가운 색을 강조할 경우에는 차가운 색, 무채색, 중간색, 따뜻한 색 순서로 진열하면 된다. 그리고 색깔별로 진열을 하면 좋다. 티셔츠 안에 속지를 넣고 균일하게 접어서 진열하면 상품가치는 높게 보이고 매장의 호감도도 높아진다.

상품을 앞으로 보여주는 연출(페이스 아웃)을 반복해서 여백 없이 하면 상품이 전체 배경처럼 보인다. 그래서 진열(IP)과 연출(VP/PP)이 리듬감 있게 배치되어야 고객의 흥미를 유발할 수 있다. 상품을 그룹으로 진열하는 이유는 바다에 고등어 한 마리가 지나가면 잘 보이지 않지만 고래가 지나가면 잘 보이듯이 컬러 구성을 크게 해서 고객이 쉽게 상품을 인식하도록 하는 것이다.

사실 치밀함은 완벽의 지름길이라고 할 수 있다. 감성지능(EQ) 관리 전문가인 쑤린은 『어떻게 인생을 살 것인가』에서 이렇게 썼다.

> 제2차 세계대전 중반, 미국 공군은 공수부대가 사용하는 낙하산의 안정성을 높이기 위해 낙하산 제조업체에 철저한 품질보증을 부탁했다. 제조업체는 부단한 노력 끝에 낙하산의 불량률을 1퍼센트까지 낮추었다. 그리고 기적이 일어나지 않는 한 그 어떤 제품도 불량률 0퍼센트를 달성하는 것은 불가능하다는 것을 거듭 강조했다. 물론 불량률 1퍼센트는 언뜻 보기에 꽤 괜찮은 수치였다. 하지만 미 공군의 입장에서는 100명의 공수부대원 중 한 명이 낙하 도중 목숨을 잃을 수도 있음을 뜻했다.
>
> 공군 측은 불량률 0퍼센트가 아니면 안 된다며 품질 개선을 강력히 요구했다. 양측의 의견이 좀처럼 좁혀지지 않자, 미군은 특단의 조치로 제품의 품질검사 방법을 바꾸겠다고 통보했다. 제조업체가 매주 군에 납품하는 낙하산 중에서 몇 개를 임의로 고르면 업체 담당자와 직원들이 직접 낙하산을 메고 고공낙하를 하는 방법으로 품질을 점검하겠다고 한 것이다.
>
> 그제야 낙하산 제조업체는 서둘러 고급 인력을 채용해 신기술을 개발하는 한편,

48세 인생을 대하는 자세

과감함은 실패한 사람과 성공한 사람의
공통된 특징이라는 말이 있다.
똑같이 과감해도 다른 결과를 가져올 수 있다.
어느 날 갑자기 무작정 시도하는 과감함은 그야말로 무모하다.

기존 설비 개선 등 불량률 0퍼센트 달성을 위한 일련의 조치를 취했다. 그리고 머지않아 기적이 일어났다. 낙하산에 대한 엄격한 기준 공정을 토대로 불량률 0퍼센트를 실현하고 드디어 공군을 만족시킨 것이다.

"쉬운 일을 신중하게 처리하면 어려운 일을 피할 수 있고, 작은 구멍을 열심히 메우면 큰 화를 피할 수 있다"라고 했다. 치밀함은 오류를 줄이는 최고의 방법이자 성공을 향한 탄탄한 기반이며 자아를 실현하는 지름길이다. 치밀함을 길러라. 그 치밀한 성격이 당신의 일생에 도움을 줄 것이다.

과감함은 실패한 사람과 성공한 사람의 공통된 특징이라는 말이 있다. 똑같이 과감해도 다른 결과를 가져올 수 있다. 어느 날 갑자기 무작정 시도하는 과감함은 그야말로 무모하다. 실패로 끝날 확률이 높다. 하지만 미리 두드려보고 치밀하게 계산한 다음 시도한다면 그것은 도전이다. 성공할 가능성도 높고, 어떤 관성이라도 벗어나게 하는 치밀한 과감함이다.

감각을 기르는 일 또는 죽어있는 감각을 살리는 일은 귀찮고 힘들다. 하지만 감각이 매출과 삶을 향상시킨다는 걸 알고 있지 않은가. 단순히 '오늘부터 바꿔야지'라고 생각하지 말고 구체적이고 치밀한 계획을 가져보자. 치밀함이 원상태로 돌아가는 관성을 막아줄 것이다.

관성을 벗어나기 위해 다음을 실천해보자.

● 매일 할 수 있는 것 적어보기.

- 위에 적은 것을 21일 동안 하기.
- 자기에게 보상하기.
- 다시 계획 세우기.

감각의 탁월함,
모든 이들의 로망

내려다보기.

"탁 보면, 탁 보인다."

말장난 같겠지만 한 분야에서 오랫동안 일해 온 사람이라면 '탁' 이해가 갈 것이다.

이론만 아는 초보 시절에는 복잡하고 어려운 중간과정을 거쳐야 잘못된 부분을 찾아낼 수 있다. 하지만 경험이 축적되면 중간과정 없이 순식간에 문제를 찾아내게 된다. 우리는 이것을 '동물적인 감각'이라 부른다. 동물적인 감각을 기르기 위해서는 시간이라는 조공을 바쳐야 한다. 그리고 끊임없는 노력과 겸손이 필요하다.

감각은 분명히 타고난 부분이 있다. 여기에다 성실한 노력까지 더해진다면 최고의 경지에 올라갈 수 있다. 명장, 고수, 베테랑, 달인이 바로 그런 사람이다. 하지만 이런 경지까지 오르지 않더라도 어느 정도 감각이 있으면 다른 사람에게 호감을 줄 수 있다. 호감이 비즈니스와 만나면 자본이 된다.

조선일보의 조용헌 칼럼니스트는 동물의 감각과 인간의 감각을 '쓰나미' 사건을 통해 극적으로 대비시켰다.

> "동물들은 몇 개월 전부터 높은 곳으로 도망갔지만, 인간은 쓰나미를 그대로 뒤집어썼다."

감각적으로 위험을 직감한 동물들은 미리 피했지만 그렇지 못한 인간은 그 피해를 고스란히 입어야 했다.

감각 없는 사회를 생각해보자. 도서관에서 덥다고 옷을 벗고 큰 소리로 통화를 하는 사람은 분명 예의가 없는 사람이다. 아니, 예의 이전에 감각이 없는 사람이다. 남이 보내는 불쾌한 감각을 느끼지 못하는 무감각한 사람이다. 이렇게 아무 감각이 없다면 먹고 자는 일만 생각하는 1차원적인 세상이 될 수밖에 없다.

몇 년 전 국내 최대 꽃박람회의 마지막 날을 촬영한 방송을 본 적이 있다. 모두가 꽃을 보면서 말로 형용할 수 없는 아름다움과 감동을 느꼈다고 말했다. 하지만 잠시 후 주최 측에서 마지막 날이라 꽃을 무료로 나누어 주겠다는 방송을 하자마자 상황은 급변했다. 꽃을 받기 위해 순식간에 인파가 몰리면서 큰 다툼이 일어났던 것이다.

이 상황을 인터뷰한 한 관계자의 말이 가슴에 닿았다. "꽃에 목말라서 그럽니다." 방금 아름다운 꽃을 본 사람들이 꽃을 얻기 위해 싸움도 불사한다. 꽃이 주는 시각, 후각, 촉감 감각을 평소에 누렸다면 아마도 그런 식의 싸움은 일어나지 않았을 것이다. 우리가 감각을 길러야 하는 이유가 여기에 있지 않을까.

무감각, 그것만큼 잔인한 것도 없다. 감각이 있는 사람은 세상과 만나고 관계를 맺는다. 무감각으로는 잔인함을 제외하고 아무것도 이룰 수 없다. 감각을 기르기 위해서는 돈도 필요하고 시간도 필요하다. 하지만 그만한 가치는 충분하다.

언젠가 『시크뉴스』에서 아트테이너로 변신한 이혜영(44)을 인터뷰했다. 가수이자 여배우인 그녀는 예술적 DNA를 지닌 뛰어난 감각의 소유자다. 그동안 미술에 빠져 있었던 그녀가 드디어 두 번째 개인전 '뮤즈 오브 더 윈드'를 열었다.

따로 미술을 배운 적은 없지만 어릴 적부터 굉장히 좋아했고, 스타일리스트나 패션디자인 등 창조적인 일이 드라마를 찍는 일보다 훨씬 즐거웠다. 스스로 아티스트가 아닌 '아트테이너'라 부르는 이혜영은 감각을 타고난 사람이라 할 수 있다. 하지만 얼마든지 감각은 개발하고 훈련할 수 있다. 그 증거가 바로 『크리에이티브 테라피 : 감각을 열고 자신을 믿어봐』의 저자 윤수정이다.

윤수정은 150여 편이 넘는 영화의 카피를 만든 국내 유일의 영화 전문 카피라이터이다. '고맙다, 고맙다, 참말로 고맙다'(워낭소리), '꽃 같은 세상 날려버린다'(죽거나 혹은 나쁘거나), '스무 살, 섹스 말고도 궁금한 것은 많다'(고양이를 부탁해), '멈출 수 있다면 사랑이 아니다'(물고기자리) 등이 모두 그녀의 작품이다.

언뜻 태어날 때부터 남다른 감각이 있었을 듯하다. 하지만 그녀에게도 좌절의 시절이 있었다. 다만 인생의 근육을 단련하듯 크리에이티브의 근육을 키워 온 것이다.

그녀는 어렸을 때의 치아 교정을 예로 들었다. 부정교합 때문에 치아를 안팎으로 동여맨 뒤 치과에서 챙겨준 왁스를 열심히 철사 위에 발랐다. 하지만 입술 안쪽이 헐고 상처가 났다. 혀도 철사에 쓸려 너덜너덜해질 지경이었다. 할 수 없이 이를 악물고 진통제로 고통을 견뎠는데, 신기하게도 일주일쯤 후에 고통이 싹 사라졌다. 혀에 굳은살이 생겼기 때문이다. 신체 중에서 가장 여리고 여린 속살에 굳은살이 생겼던 것이다. 그 후 그녀는 단련되고 단단해지는 것은 몸만이 아니라는 것도 알게 되었다.

그녀는 크리에이티브도 그렇다고 말한다. 광고업계에 10년이 넘도록 몸담고 있으면서 반복된 작업 덕분에 어느새 굳은살이 생겼고, 그 과정에서 크리에이티브를 키울 수 있었다는 것이다. 그녀는 그렇게 어느 날 갑자기 그저 그렇고 별로였던 카피들이 신선하고 발랄한 카피로 바뀌어 많은 사람들을 감동시키는 놀라운 경험을 했다.

약학박사 후배는 개인마다 감각의 수용체가 다르다고 했다. 수용체에 따라 감각을 받아들이는 정도가 다를 수 있다. 권투를 처음 할 때는 상대의 움직임을 보기는커녕 그저 주먹만 피하려고 노력하는 정도이다. 지속적인 훈련을 통해 상대의 움직임만 보고도 미리 피하거나 주먹을 뻗을 수 있는 감각들이 생기게 된다.

유아음악학원 원장인 친구의 말에 의하면 피아노를 잘 치는 기본적인 감각이 타고난 친구와 그렇지 않은 친구는 확실히 다르긴 하지만 훈련과 노력으로 99%는 비슷한 지점까지 오른다고 한다. 음악을 잘 듣는(청음) 아이가 잘 친다는 말도 새겨들을 만하다. 들어야 칠 수 있다. 감각이란 것은 연결되어 성장하는 부분이기 때문이다.

'고기도 먹어본 사람이 잘 먹는다'는 말이 있다. 요리 프로그램 심사위원들의 미각이 탁월하게 발달한 것은 그만큼 많이 만들고 많이 먹어봤기 때문이다. 청각도 마찬가지다. 오디션 프로그램의 심사위원들이 악기나 발성에서 틀린 부분을 예리하게 짚어낼 수 있는 것도 평소 듣기 훈련을 많이 해왔기 때문이다. 이렇듯 어떤 감각이든 오랜 훈련을 하면 예민해지게 마련이다.

사람들은 감각이 탁월한 사람을 무척 부러워한다. 훌륭한 감각은 분명히 다른 사람보다 앞서갈 수 있는 바탕이 된다. 하지만 감각은 타고나는 것뿐만 아니라 연습과 훈련으로도 얼마든지 키울 수 있다는 것을 잊지 말자.

Emotion

Visual merchandising

Success Visual Design

Marketing

Unique

Image Marketing Sense

Sensibility Success Unique

Style Image Fashion

Unique Idea Visual merchandising

Training Unique

Emotion Fashion

Part 02

감각을 자본으로 바꾸는 여섯 가지 비밀

직감 시각 후각
청각 촉각 미각

1장 / 머리와 가슴에만 존재하는 감각

[직감]

고객이 알아서 상상하게 한다

"여자의 직감은 무시할 수 없어. 빨리 여기서 나가자."

흔히 드라마 속 위기 상황에서 여자주인공이 하는 말이다. 그리고 신기하게도 직감이 맞아 떨어져 위기를 벗어나게 된다. 그런데 실제 현실 속에서도 이런 일이 종종 벌어지곤 한다.

오감은 현재의 반응을 중요하게 여긴다. 물이 뜨거우면 손을 빼고, 이상한 맛이 나면 즉시 뱉는다. 하지만 직감은 현재에 자극받고 현재에 반응하는 오감과 조금 다른 개념이다. 눈에 보이지 않아도, 맛을 보지 않아도, 듣지 못해도 반응을 이끌어낸다. 직감을 자극하는 것은 어디서 온 것일까? 그리고 정말 직감이란 존재하는 것일까?

『그리스-로마 신화』에서는 신이 찰흙으로 자신의 모습을 본떠서 인간을 만들었다고 한다. 그리고 인간에게 불과 지혜를 주면서 동물과 다른 존재로 살아가게 한다. 성경에도 비슷한 이야기가 있고, 전 세계적으로 인간의 탄생 신화나 설화에도 비슷한 내용이 많다. 『유혹의 기술』의 저자인 로버트 그린은 이에 대해 "인간에게는 신과 같은 모습과 동물과 같은 모습이 공존한다"라고 말했다. 인간은 신과 같은 탁월한 능력이 있는 동시에 감정이 극단적으로 폭발하거나 술과 마약에 정신을 빼앗기면 동물과 같은 모습으로 변하기도 한다.

과학적 근거를 떠나 인간은 동물에게 없는 몇 가지 능력이 있다. 그중 하나가 미래를 예견하는 능력이다. 과거에는 마을마다 영적 능력이 탁월한 사람이 하나씩은 있었다. 흔히 무당이라고 부르는 사람들이다. 그들은 빙의나 접신을 통해 예견을 했다. 사람은 현재를 살아가는 존재로, 아무리 후회해도 과거로 돌아갈 수 없고 미래에 대해서는 아무도 모른다. 미래는 신의 영역이다. 따라서 미래를 예견하는 능력이 있다는 것은 우리 인간에게 신적 요소가 있다는 뜻이라고 할 수 있다.

미래를 예견하는 일은 곧 미래를 상상하는 일이다. 단순한 상상이 아니라 온몸의 감각기관을 총동원해서 상상한다. 상상이 맞아 떨어질 때도 있고 아닐 때도 있다. 중요한 것은 눈에 보이지 않아도, 냄새를 맡지 않아도, 듣지 않아도 상상할 수 있는 힘을 가졌다는 사실이다. 직감은 상상을 현재에 대입해 판단하는 감각이다. 직감 자극은 그동안 쌓아온 경험은 물론 온 감각기관이 만들어낸 상상의 산물인 셈이다.

우리의 상상을 활용해 마케팅을 하고 매출을 올리는 경우를 흔히 볼 수 있다. 직감을 자본으로 바꾸는 경우다.

기호학과 광고이론의 분석 대상으로 손꼽히는 광고가 있다. 오길비 앤 매더(Ogilvy & Mather)의 해서웨이(Hathaway) 셔츠 광고다. 안대를 착용한 남자 외에 별다를 것이 없어 보이는 이 광고 속에는 엄청난 은유와 암시가 숨어 있다.

1837년에 작은 셔츠 가게로 출발한 해서웨이는 1950년까지 광고를 한 번도 한 적이 없는 무명 회사였다. 그런데 해서웨이의 사장 일러튼 제트가 단돈 3만 달러를 들고 당대 최고의 광고 회사인 오길비 앤 매더를 찾아가면서 상황이 달라졌다.

광고 리서치 디렉터인 데이비드 오길비(David Ogilvy)를 만난 일러튼 제트는 "비록 지금은 작은 회사지만 차후에 회사가 커지더라도 절대 광고 대행사를 바꾸지 않을 것이며 광고 카피에 간섭하거나 손대지 않겠다"라고 진심어린 약속을 했다. 이 약속은 순식간에 오길비의 마음을 감동시켰다. 고작 3만 달러를 지불한 이 광고는 1951년에 『뉴요커』(The New Yorker)에 게재되었고, 첫 주에 해서웨이의 셔츠 재고분이 완판되었다. 이 기적은 해서웨이뿐 아니라 오길비에게도 큰 명성을 안겨주었다.

이 광고에는 안대를 착용한 한 남자가 등장한다. 오길비는 낚시 사고로 한 눈을 잃은 어느 유명한 남자의 사진을 보고 광고의 영감을 얻었다. 인생의 풍파라고는 생전 겪은 적이 없을 것 같은 귀족풍의 신사를 보면 누구라도 그가 눈을 잃게 된 사연이 궁금할 것 같았던 것이다. 오길비는 이 치명적인 부상의 미스터리를 광고에 이용했다. 즉 해서웨이의 셔츠가 아니라 셔츠를 입고 있는 남자로 광고의 포인트를 옮겨버린 것이다.

하지만 평범한 인물이라면 아무리 안대를 하고 있어도 별로 호기심을 가질 까닭이 없다. 그래서 오길비는 고급 옷가게를 무대로 VIP 손님의 치수를 적고 있는 누군가를 설정했다. 그리고 치수를 재는 남자는 화면 밖에 배치함으로써 고귀함과 존귀함, 성공과 특별함 등을 간접적으로 보여주었다.

이 장치는 대중의 '상상과 호기심'에 적절하게 맞아떨어졌다. 이 광고의 가장 뛰어난 점은 신사의 안대에 대해 한 마디도 언급하지 않고 소비자의 직관과 상상에 맡긴 것이다. 소비자에게 알아서 상상하게 하고 생각하게 함으로써 오히려 더 많은 의미를 부여하게 했다. 즉 해서웨이의 광고가 수준 높은 평가를 받은 결정적인 이유는 '안대를 이용한 상상력과 직관에 의지한 스토리'라고 볼 수 있다.

식상한 마케팅은 고객의 마음을 열 수 없다. 고객이 알아서 상상하게 해야 한다. 보여주기에는 나름의 한계가 있을 수밖에 없다. 온갖 광고와 비주얼에 마비된 소비자의 눈은 늘 새로운 것을 찾는다. 그럴수록 감각은 마비되게 마련이고 사람들은 더욱 강력한 자극을 원하게 된다. 하지만 인간의 직관은 무한하며 그 속에는 아직도 캐낼 것들이 무궁무진하게 꽁꽁 숨어있다. 이제 그것을 꺼내주어야 한다. 똑같은 광고는 소비자들에게 매너리즘에 빠지게 하고 권태감을 준다. 이젠 소비자가 알아서 생각하게 하고 상상하게 해야만 상품도 차별화를 거둘 수 있다. 고객에게 다 먹여주면 빨리 질려버린다. 고객이 할 일은 알아서 상상하고 알아서 판단하는 일이다. 마음껏 상상하게 길을 만들어주라. 그것이 감각을 자본으로 바꾸는 길이다.

자부심 감각을 심어주면 지갑을 연다

휴대폰 앞자리 번호가 '010'으로 통합되기 전 일이다. 모 통신회사에서 CF를 내보냈다. 멋진 중년 남성이 미술관에서 한 작품을 유심히 지켜보고 있다. 미술관 직원이 다가와 전화번호를 묻는다. 그리고 중후한 성우의 목소리가 들린다.

"번호에 자부심을 느낀다."

당시 이 통신회사는 휴대폰 시장 점유율 1위였다. 그러니 고객들도 1위라는 자부심을 느끼라는 메시지였다. CF는 꽤나 큰 반향을 일으켰다. 다른 통신회사를 쓴다고 자존심이 상하거나 창피한 일이 아닌데, 이 CF를 보고 통신회사를 바꿨다는 지인이 꽤 있었다. 당시 이 통신회사가 1등이라는 사실은 많은 사람이 알고 있었다. 단지 1등이라는 이유로 통신회사를 옮길 필요는 없었다. 그렇지만 이 CF를 통해 1등이라는 자부심을 심어주고 1등이라는 '기정사실의 힘'을 스토리로 만들면서 마케팅을 한 것이다.

바야흐로 스토리에 돈을 지급하는 시대다. 이른바 '스토리텔링 마케팅'이다. 사람들은 같은 제품이면 스토리가 있는 쪽에 돈을 지불한다. 다소 비싸더라도 말이다. 스토리 자체의 매력도 있지만 스토리와 함께한다는 동질의식과 그 안에서 자신이 주인공이라는 자긍심도 있다. 그래서 명품의 핵심 요소가 스토리다.

직감은 검증하고 고민하는 등 복잡한 과정을 거치지 않고 행동을 유발한다. 소비에서도 복잡한 판단 없이 구매로 이어진다고 볼 수 있다. 아무리 비싸도 직감이 좋으면 구매하고, 자부심이 든다는 이유만으로 구매한다. 자부심은 중간과정 없이 구매로 이어지는 소비자가 가진 직감이라 할 수 있다.

고객에게 자부심을 심어주기 위해서는 먼저 만드는 사람과 판매하는 사람에게 자부심이 있어야 한다. 나는 강의를 할 때 예비 VMD에게 이 점을 많이 강조한다. 모든 일은 생각과 마음에서 시작된다. 명품을 만들고 그 안에 담을 스토리를 만드는 건 생각과 마음에서 나온다. 만드는 사람이 대충 만들겠다고 생각하면 대충 만들어진 제품이 나온다. 그것을 사는 고객 역시 대충 산다.

옷은 우리 몸을 보호하는 기본적인 역할과 함께 또 다른 나를 대변하는 패션이다. 옷이 흔해지면서 몸의 보호보다는 패션의 개념이 절대적으로 커졌다. 옷을 파는 사람은 패션에 대한 자부심을 심어줘야 한다.

의류매장이 몰린 부산 J전통시장에 컨설팅을 나갔다. 수많은 의류매장 중 장사가 가장 잘 되는 매장 반대편에 있는 매장을 방문했다. 의류 제품도 비슷하고 매장 규모도 비슷했다. 하지만 매출은 극과 극이었다. 사장님께 최대한 예의를 갖추고 앞 매장이 잘 되는데 기분이 상하지 않으신지 물어봤다. 처음에는 화가 났지만 지금은 무덤덤하다고 말했다. 매장을 둘러보니 가운데 큰 기둥이 있었다. 기둥에는 여러 벌의 옷이 걸려 있었다. 사방이 옷인데 기둥마저 옷이 걸려 있으니 여백의 미는 존재하지 않았다. 기둥에 걸린 옷을 치우고 도도한 여자가 걷고 있는 이미지를 넣자고 했더니 사장님은 이해가 가지 않는다며 따졌다. 최대한 많이 전시를 해야 하나라도 더 팔린다는 설명이다.

VMD 일을 하다 보면 이런 충돌은 흔하다. 무례를 범하지 않는 범위에서 강행해야 한다. 결국 사장님을 설득해서 매장 가운데 도도한 여자가 걸어가도록 만들었다. 입구에 있는 마네킹을 바꾸고 색깔을 통일시켰다.

며칠 후 다시 방문을 했다. 가장 달라진 건 사장님이 멋지게 변화한 것이다. 편안하기만 했던 스타일을 벗고 나름 세련된 옷으로 반겨주었다. 남편과 기둥에 걸린 옷을 치우는 문제로 다퉜다고 한다. 그래서 일주일만 바꿔보고 변화가 없으면 기둥에 다시 옷을 걸자고 제안했다고 한다. 매장을 바꾼 다음 날부터 지나가는 고객들의 시선을 체크해보니 자신의 매장으로 보내는 시선이 훨씬 많아지고, 옷이 훨씬 젊어졌다는 이야기도 많이 한다는 것이었다.

그리고 어느 날 고객과 이야기를 하다가 거울을 보니 패션 감각이 떨어진 자신을 발견했다고 한다. 그렇게 이 옷 저 옷 입어보면서 매장 콘셉트에 가장 잘 맞는 옷으로 갈아입고 고객을 맞이하고 있다. 더 감동스러운 것은, 예전에는 고객들과 돈을 주고받았는데 이제는 마음을 주고받는다는 얘기였다. 매장의 변화가 사장님의 마인드까지 변화시킨 것이다.

매장 방문 고객이 기둥에 붙은 도도하게 걷는 여자의 모습을 보고 자신도 세련된 자부심을 느끼길 바란다. 그 이미지는 고객 이전에 사장님께 영향을 미쳤다. 사장님의 자부심은 차츰 고객에게 영향을 미친다. 순식간에 매출이 증가하지 않더라도 자부심이 번지면 매출은 증가한다.

『감성 디자인』(emotional design)을 쓴 도널드 노먼은 제품과 서비스의 성공, 인간의 만족을 높이는 핵심 요소는 '경험'의 가치라고 말했다. 사용자 경험의 가치와 중요성을 설명하는 파인과 길모어(Pine and Gilmore, 1998/2002)의 '경험 경제' 개념을 바탕으로 경험 소비가 빠르게 성장하고 있으며, 이제 단순하게 서비스만이 아니라 소비자에게 오래 기억되는 경험을 제공해야 한다고 주장했다. 사람들은 감성적인 소비를 추구하고 특수한 기억을 한다. 그렇기 때문에 이제 기업은 소비자에게 오랫동안 기억되는 행복한 경험을 남겨야 한다.

고객은 이제 상품을 사는 것이 아니라 경험과 스토리를 산다. 디지털 시대에는 소비자에게 제공하는 경험의 가치가 중요하다. 그들은 이제 경험을 소비하면서 상품에 스며있는 감성과 창의적인 아이디어, 스토리, 주관적인 경험을 중요시한다. 소비자들은 자신들의 경험에 대해 지갑을 열고 돈을 지불한다.

예를 들어 웨스틴 호텔은 '꿈처럼 푹신한 침대'를 고객이 경험하게 했고 마치 자신의 집에서 자는 듯한 감동을 선사했다. 또 스타벅스는 '절대적인 커피를 경험'하게 함으로써 수익을 올렸다. 그래서 커피 한 잔을 마시는 데 많은 돈을 지불하게 했다.

서구의 배낭여행객 사이에서 널리 알려진 '욜로(Yolo)족'은 삶을 살아갈 때 몹시 주관적이다. '인생은 한 번뿐'(You Only Live Once)이라는 말 그대로 후회할 일 없이 삶을 살아가는 사람이다. 이들의 소비패턴 중 가장 특이한 것은 '경험'이다. 여행은 경험을 총망라한다고 볼 수 있는데 이는 욜로족의 삶을 대표하는 키워드라고 한다.

에어비앤비는 한국판 TV광고에서 "여행은 살아보는 거야"라는 문구를 사용했다. 숙소를 빌려 숙박을 해결하는 게 아니라 실제로 주민들과 함께 삶을 경험할 수 있다는 것을 강점으로 내세운 것이다. 요즘엔 공유경제 모델인 차량공유 앱, 카풀 앱 등도 새로운 경험을 주요 마케팅 주제로 내놓고 있다. 공유의 경험을 소비 동기로 본 것이다.

전미영 서울대 교수는 "호주 멜버른에 위치한 샌드위치가게 '재플슈츠'는 7층 가게에서 낙하산을 통해 손님에게 샌드위치를 서빙하는 방식으로 큰 성공을 일궜다. 대부분의 소비가 온라인에서 이뤄지는 시기에 오프라인이 가진 유일한 장점은 경험을 제공하는 것"이라고 말한다. 전문가들도 "이젠 물건을 파는 것이 아니라 경험을 파는 것으로 시장의 법칙이 바뀐다"라고 말한다. 이는 쇼핑몰도 마찬가지다. 최근 유통공간은 거의 테마파크와 비슷하다. 대표적 체험형 공간인 이케아나 신세계 복합테마파크를 보더라도 그렇다. 사람들은 데이트나 나들이를 목적으로 이곳에 온다. 소비를 하기 위해서가 아니고 그냥 자연스럽게 발을 디디는 것이다.

이제 소비자에게 자부심을 심어주고 자연스럽게 끌려오게 해야 한다. 그런 경험이 소비자의 지갑을 열게 한다. 그리고 중요한 것은 제품을 만드는 사람, 판매하는 사람의 자부심이 먼저 우러나와야 고객에게도 자부심을 심어줄 수 있다는 사실이다. 말과 행동은 무엇보다 생각에서 나온다. 그래서 생각과 마인드가 중요하다. 자부심이 넘치는 사람은 다른 사람에게도 긍정적인 영향을 주고 자부심을 전이시킬 수 있다.

자부심은 눈에 보이지 않는 감각이다. 이 감각을 자극하면 자본으로 바꿀 수 있다. 매장의 책임자 또는 무언가 만드는 사람으로서 고객에게 얼마나 많은 자부심을 심어주고 있는가? 스스로 고민해보자.

휴리스틱, 고객에게 이질감을 주지 마라

우리 머릿속에는 이른바 '상식'이 존재한다. 예를 들어보자. 바나나라고 하면 노란색이 먼저 떠오른다. 언젠가 이 점에 의문을 던진 바나나우유가 등장했다. 바나나는 원래 흰색이라며 대대적으로 홍보했지만, 판매 1등 바나나우유는 여전히 노란색 제품이다. 이처럼 '바나나' 하면 노란색이 먼저 떠오르고 이를 바탕으로 제품을 빨리 구매할 수 있도록 돕는 것을 휴리스틱(Heuristic)이라고 한다.

인간은 때로 비합리적이다. 과거의 경험을 바탕으로 직관적이고 단순하게 판단하고 의사결정을 할 때가 많다. 휴리스틱이 작용한 것이다. 이를 이용하면 고객을 설득하기가 훨씬 수월하다.

감정 휴리스틱은 직관, 배짱 등을 통해 감성적으로 의사를 결정하는 것이다. 현대그룹의 고(故) 정주영 회장은 초등학교 수준의 학력으로 대한민국 최대 그룹의 창업주가 되었다. 그는 치밀하게 연구하거나 과학적인 방법으로 결정하는 대신 본인의 직관을 철저하게 믿었다.

삽교천 방파제 건설현장에서의 일이다. 엄청나게 거센 물살로 인해 마지막 연결공사를 마치지 못하고 있을 때, 그는 해체용으로 구입

했던 낡은 유조선을 현장에 동원시켜 좌초시킴으로써 사나운 물길을 막았다.

너무나 당연한 일이 있다. 모자는 머리에 쓰는 것이고 바지는 하체에 입는다. 당연함을 골똘히 생각해서 결정하는 사람은 없다. 상식은 우리를 무의식적으로 행동하게 한다. 소비도 그렇다. 싸고 탁월한 성능을 갖춘 제품이라도 상식의 범주를 벗어나면 지갑을 열 수 없다. 소비자의 직감을 자극하는 일도 상식 안에서 이루어져야 한다.

휴리스틱은 네 가지로 구분된다.

1) 인지 휴리스틱

2) 제거 휴리스틱

3) 하나의 단서에 근거한 휴리스틱

4) 만족화 휴리스틱

'인지 휴리스틱'은 우리 머릿속에 인지되어 있는 익숙함을 활용한다. 예를 들어 수많은 조미료 제품이 있지만 특정 브랜드 제품이 '조미료'를 대신하는 고유명사로 사용된다. "어머니 조미료 더 넣어야겠어요"가 아니라 "어머니 OO 더 넣어야겠어요"처럼 말이다.

'제거 휴리스틱'은 최우선 속성에 집중한다. "주방세제는 거기서 거기니까 무조건 싸고 양 많은 게 최고다"라는 상식으로 설득함으로써 다른 기능이나 속성에 관심을 두지 않게 한다.

어떡하지?

상식은 우리를 무의식적으로 행동하게 한다. 소비도 그렇다.
싸고 탁월한 성능을 갖춘 제품이라도
상식의 범주를 벗어나면 지갑을 열 수 없다.
소비자의 직감을 자극하는 일도 상식 안에서 이루어져야 한다.

'하나의 단서에 근거한 휴리스틱'은 선별적 정보를 부각시키는 방법이다. 이름도 생소한 '카제인나트륨'이 없다는 점을 부각시켰던 모 커피 광고가 대표적인 예다.

'만족화 휴리스틱'은 전문가에게 의지하는 방법이다. 사장님이 추천하는 물건을 보고 "사장님이 더 잘 알지요" 하면서 구매를 시키는 것이다.

과일가게에서 빼놓을 수 없는 품목 중 하나가 오렌지다. 오렌지 하면 무슨 색깔이 떠오를까? 두말할 것 없이 주황색이다. 우리가 가진 인지의 휴리스틱이다.

20년간 한곳에서 과일을 팔고 있는 어느 노부부의 가게를 방문했다. 입구에는 과일이 많지 않았다. 손님이 필요한 과일을 말하면 주인이 가져다 주었다. 대형마트에서는 고객이 눈으로 보고 만지면서 직접 담게 하는데, 이 매장에는 시각과 촉각이 모두 없었다. 가게의 이미지 색상을 주황색으로 바꾸고 과일나무라는 네이밍으로 브랜딩하였다.

시각, 촉각, 청각 등 많은 감각을 만족시켜 줌으로써 노부부는 정말 좋아했지만 VMD의 입장에서는 결정적인 감동이 부족했다. 직감적으로 고객에게 감동을 줄 수 있는 게 없을까 찾았다. 바로 시(詩)였다. 머릿속에 수많은 시가 떠올랐다. 시집을 찾아보았지만 딱 '이거다' 싶은 게 없었다. 생각을 바꿔봤다. 특별한 시가 아니라 우리 눈에 익숙하면서 과일가게를 알릴 수 있는 시를 찾았다. 정답은 쉽게 나왔다. 학창시절 한번쯤 배웠을 이육사의 '청포도'였다. 반응은 정말 폭발적이었다. 세월이 흘러 잊고 있었지만 기억 속 어딘가에 남아 있던 낯설지 않은 시를 선택한 건 정말 탁월했다고 생각한다.

평소 어떻게 해야 외부자극을 받을 수 있을까? 우선 '수평적 사고'를 하는 것이다. 우리는 평소 논리적이고 이성적인 '수직적 사고'를 한다. 반면에 수평적 사고는 창의적이고 통찰력이 있는 사고다. 다이슨사의 CEO인 제임스 다이슨이 날개 없는 선풍기를 만들 수 있었던 것도 바로 이 수평적 사고 덕분이었다. 그는 어느 날 드라이어를 쓰다가 문득 '선풍기에서 날개를 빼면 어떨까?'라는 기발한 아이디어를 얻었다고 한다. 전혀 다른 관점에서 사물을 본 것이다. 이것이 수평적 사고의 기본이다.

통찰력도 중요하다. 먼저 세상에 존재하는 모든 것은 서로 다르다는 것을 인정해야 한다. 그리고 무조건 상상하고 관찰해야 한다. 백화점의 남성전용 휴게소도 이런 통찰력에서 나온 것이다. 백화점에서 쇼핑을 하는 시간은 여성의 경우 대부분 몇 시간이지만 남성은 10분 내외에 불과하다. 이렇게 남녀가 다르다는 것을 수긍하고 보니 남성전용 휴게소를 만들 수 있었다.

그리고 어떤 문제든 본질을 의심하고 질문하고 파악해야 한다. 관점과 생각을 바꾸면 누구에게도 뒤지지 않고 고정관념에 비해 큰 이질감이 없는 사고를 발휘할 수 있게 된다.

휴리스틱은 소비자가 사고를 효율적으로 할 수 있도록 돕는 것이다. 사실 소비자의 입장에서 보면 휴리스틱은 편리성과 함께 위험도 동시에 내포하고 있다. 하지만 판매자의 입장에선 적극적으로 활용해야 한다. 그러려면 무엇보다 고객에게 이질감을 주지 않아야 한다. 전문적인 스킬이 필요한 이유가 여기에 있다. 고객의 직감을 혼란스럽게 할 필요가 없다. 단순하게 만들어 고객이 안심하고 구매할 수 있도록 해야 한다.

오늘날 단순함의 가치가 점점 부각되고 있다. 스티브 잡스도 매일 '심플, 심플'을 외쳤다고 한다. 고객의 직감을 극대화하기 위해서다.

단순함으로 고객에게 여백을 허(許)하라

필요한 대부분의 물건을 손쉽게 구할 수 있는 세상이다. 제조업의 혁명과 유통업의 발전이 이루어낸 성과다. 어디 물건뿐인가. 스마트폰만 있으면 원하는 정보도 손쉽게 찾을 수 있다. 덕분에 모든 게 넘친다. 반대로 피곤함은 늘었다. 넘치는 제품과 정보의 홍수 속에서 무엇이 진실이고 제대로 된 제품인지 알 수 없다. 판단하는 시간이 늘어났고 현대인은 선택 스트레스에 노출되었다. 차라리 누군가 딱 잘라서 선택을 해주었으면 좋겠다는 생각마저 든다.

이처럼 모든 것이 넘치는 세상에서 불필요한 피곤함을 거부하는 사람이 늘어났다. 이른바 '미니멀 라이프'다. 꼭 필요한 것만 소유하고 나머지를 버리는 삶이다. 감각을 키우고 싶은 사람은 최대한 단순한 삶을 살 것을 추천한다. 비움이 있어야 채움이 가능하기 때문이다.

"적은 것이 많은 것"(Less is More)이란 말이 있다. 조금 줄임으로 인해 더 많이 얻을 수 있다는 논리다. 고객이 느끼는 감각도 똑같다. 수많은 물건이 쌓인 잡화점보다 전문 매장을 선호하는 이유다. 고객의 직감을 흔들어 놓고 싶을 때는 단순함을 활용할 필요가 있다.

상품을 진열할 때도 마찬가지다. 상품이 한눈에 너무 많이 보이면 고르기가 어려워진다. 상품 사이에 일정한 여백이 있어야 전체가 하나의 배경으로 보이지 않고 개개의 상품이 눈에 잘 들어오고 가치도 높아 보인다. 그래서 고가 상품은 양을 줄이는 대신 여백을 많이 주면서 정리하고, 저가 상품은 상품량을 많고 볼륨감 있게 진열한다. 또 진열 공간과 여백의 공간을 나누고 같은 상품끼리 모아서 정리해 준다.

여백과 컬러가 뒤죽박죽 섞여 있으면 상품이 너무 많아 오히려 눈에 안 들어온다. 컬러를 수직으로 진열하고 여백을 구성하면 세련된 디스플레이가 된다. 연관된 상품을 서로 가까이 진열하면 좋다. 예를 들어 가방과 어울리는 구두를 가까이 놓고 보여주면 권하기도 쉽고 보기도 쉽다. 통합 판매를 유도하는 것이다.

다양함을 요구하는 시대 상황 덕분에 상품의 종류도 지나치게 다양해졌다. 이럴 때일수록 상품의 진열원리를 무시하면 안 된다. 정리정돈은 단순함으로 가는 지름길이다. 매장 내에 빈 박스가 있으면 '우리 점포는 창고입니다'라고 말하는 것이나 다름없다. 현장에 가서 보면 손이 닿지 않는 높은 곳에 회전율이 낮은 상품을 두곤 하는데 아주 큰 실수다. 오히려 고객의 눈에 잘 띄는 공간이기 때문이다. 그 공간을 연출공간(PP)으로 만들어야 한다. 즉 세트상품으로 연출하는 것이다. 그리고 그 아래에 같은 아이템의 상품을 수직(위에는 작은 것, 아래는 큰 것)으로 진열하여 보기 쉽고 찾기 쉽게, 보여주기 쉽고 판매하기 쉽도록 진열(IP)하면 된다.

고객과의 관계도 여백이 있어야 한다. 매장의 내부는 고객의 공간이다. 매장 안을 온통 상품으로 채우지 말고 고객의 휴식과 커뮤니티 공간을 만들어 주어야 한다. 그래야 충성 고객을 확보할 수 있다.

이른바 '먹방'이 유행하면서 일반인들도 음식의 질을 따지기 시작했다. 건강을 생각해서 양은 적은 대신 맛있는 음식을 찾는 경향이 뚜렷해졌다. 반면에 경기불황 때문에 양으로 승부하는 무한 리필도 유행하고 있다.

앞으로 요식업 트렌드는 '동네 셰프'와 '무한 리필'로 양분될 것이다. 어중간한 메뉴나 양과 질로는 살아남기 힘들다. 동네 셰프와 무한 리필은 공통된 특징이 있다. 바로 단일 메뉴를 추구한다는 점이다. 다품종 소량 음식으로는 승부가 나지 않는다. 한 가지 메뉴를 정말 맛있게 만들어 이름을 알리거나 한 가지 메뉴를 대량으로 싼 가격에 공급해 고객을 만족시켜야 한다. 맛집은 대부분 한두 개의 메뉴로 승부를 한다. 사이드 메뉴도 거의 없다. 가장 맛있는 한 가지에 집중함으로써 소문이 나고, 회전율이 빨라지면서 재료의 신선함도 유지된다. 손님은 결정 스트레스를 받을 일이 없다. 그 메뉴만 선택하면 끝이기 때문이다. 단순함이야말로 고객의 직감을 끌어들이는 최고의 감각이다.

회사든 매장이든 개인이든 컨설팅을 하러 나가면 가장 먼저 콘셉트를 잡는다. 사장님들과 말다툼을 하더라도 일단 콘셉트를 잡고 나면 컨설팅의 절반이 끝난다. 나머지는 콘셉트에 맞춰 핵심적인 것 몇 개를 추가하고 나머지를 버리면 된다. 추억이 담긴 물건들이라 아쉬워하는 사장님들이 적지 않지만 콘셉트를 고객에게 명확히 기억시키기 위해 냉정하게 버려야 한다. 버려야 채울 수 있다.

"완벽함이란 더 이상 추가할 것이 없을 때가 아니라, 더 이상 버릴 것이 없을 때다."

『어린 왕자』의 저자 생텍쥐페리의 말이다. 완벽한 것은 단순한 것이라는 뜻이다.

지금 운영하고 있는 매장에 제품이 몇 개나 있는가? 제품군이 많다고 무작정 좋다고 생각하는 건 아닌지 스스로 물어보자. "이 제품 하면 우리 가게"라는 인식을 심어줄 때까지, 버릴 것이 없을 때까지 버리는 과감함이 필요하다.

'아이디오'란 병원의 직원들은 마치 환자처럼 하루 종일 침대에 누워서 지내보고는 '아, 환자들은 오랫동안 천장을 바라보며 지내는구나' 하는 것을 알아채게 되었다. 그래서 병실의 천장을 모두 깨끗하고 산뜻한 색깔로 바꿨다.

미국의 클리블랜드 병원에는 '10-4 규칙'이란 것이 있다. 환자가 10피트 이내로 다가오면 활짝 웃으며 눈을 맞추고, 4피트 이내로 다가오면 얼른 말을 건네는 것이다. 한마디로 환자들을 편안하게 하고 만족시키려면 세밀하게 신경을 써야 한다는 말이다. 질병을 치료하는 것은 매우 복잡한 일이지만 마음을 치료하는 방법은 지극히 단순하다.

단순해지려면 일단 단순해지기로 마음먹어야 한다. 단순함은 저절로 얻어지는 것이 아니다. 날마다 계속해서 달리기를 연습하듯이 모든 일을 단순화하는 훈련을 해야만 한다.

최악의 영업은 고객을 몰아치는 일이다. 여백으로 고객에게 여유를 주어라. 구매하겠다는 직감은 여유 속에서 나온다.

나만의 '그 무엇'이 직관을 훈련한다

인공지능(AI: Artificial Intelligence)의 급속한 발전 때문에 어쩔 수 없이 4차 산업혁명의 거센 물결을 마주하고 있다. 더불어 인간의 여러 감각 가운데 직관이 더욱 빛을 발하는 중이다. 어쩌면 직관은 인공지능이 넘볼 수 없는 유일한 영역일지도 모른다. 하지만 우리 미래 세대는 새로운 환경에 적응하는 것을 매우 힘들어 한다. 일례로, 새로운 학기가 되면 부쩍 병원을 찾는 아이들이 많아진다. 새로운 친구와 선생님을 만나야 하는데, 그에 대한 부담 때문에 두통과 식욕부진, 복통 등의 증상을 겪는 것이다.

우리는 그동안 인간에 대한 깊이 있는 통찰 없이 획일화된 교육에 익숙해져 있다. 다가오는 4차 산업혁명에 취약한 이유다.

주식회사 헤이컨설팅그룹의 대표이사 겸 사장인 다카노 켄이치는 『왜 미래는 늘 남에게만 보이는가』라는 책을 통해 정보혁명으로 모든 것이 공개되어 버렸다고 강조했다. 그래서 이제는 논리를 뛰어넘는 직관력을 발휘해서 머릿속에 없는 답을 찾아야 한다는 것이다.

자신만의 관점으로 직관력을 발휘해서 지금까지 없었던 새로운 길을 찾아낸 천재들은 많다. 손정의와 래리 페이지, 스티브 잡스, 제프 베조스, 세르게이 브린, 필립 코틀러 등이 바로 그들이다.

직관은 멀리 있는 것이 아니다. 나만의 것을 찾아야 하고 그것을 끊임없이 훈련해야 한다. 나만의 것을 나만의 관점으로 바라보는 것, 그렇게 하면 직관이 자본이 되게 마련이다. 그렇다면 어떻게 나만의 직관력을 찾아내고 훈련할 수 있을까?

『어떻게 미래를 선점하는가』를 집필한 미국 컬럼비아대학 경영대학원 윌리엄 더건(William Duggan) 교수는 불확실한 상황 속에서 섬광 같은 통찰력과 아이디어, 창조적인 전략을 선물해주는 것이 바로 '직관'이라고 말한다. 그는 직관을 '육감'과는 다른 차원의 '제7의 감각'이라고 정의한다.

인공지능이 절대 따라 하지 못하는 능력, 오로지 인간만이 가지고 있는 '직관력'을 현실에서 적용해 나가고 있는 사람들이 바로 '크리에이터(창조자)'들이다. 스티브 잡스 역시 사업가 이전에 크리에이터였고, 세계 시장의 흐름을 바꾼 아이폰과 아이패드는 단순한 상품이 아니라 제7의 감각인 직관에서 비롯된 '작품'이었다. 아인슈타인 역시 논리보다 감각의 힘, 직관의 힘을 활용해 $E=mc^2$[우주의 원리와 구조]를 풀어냈으며, 만유인력의 법칙을 찾아낸 뉴턴 역시 이성의 힘보다 순간 번뜩임의 직관의 힘을 활용했다. 세기의 거장 파블로 피카소는 사물을 그대로 보는 것에서 자신의 직관력을 훈련하여 인물을 다각적인 시점에서 바라보고 '큐

비즘(입체파)'을 완성했다.

이들은 모두 자신의 외면이 아니라 내면에 집중한 사람들이다. 머리와 가슴에 존재하는 제7의 감각인 직관에 초점을 맞추어 보통 사람들과는 전혀 다른 관점으로 사물과 세상을 바라보았던 것이다.

눈에 보이지 않지만 분명히 존재하는 것, 눈에 보이는 것보다 더욱 더 강력한 힘을 발휘하는 것, 과거와 미래, 경험한 것과 아직 경험하지 않은 것을 자유롭게 활용할 수 있는 능력, 이것이 바로 직관력이다. 자신의 본성 깊이 내재되어 있는 직관의 힘을 끌어올리기 위해서는 끊임없는 내면과의 질문과 대화를 지속해야 한다. 우주에서 단 하나밖에 없는 고유한 것이 바로 자신 안에 담겨 있기 때문이다.

"저 사람에게서 아우라(Aura)가 느껴져."

"그 사람을 만나면 왠지 모르게 기분이 좋아져서 더 만나고 싶다니까!"

이렇게 흔히 쓰이는 아우라(Aura)란 독일의 철학자 벤야민(Walter Benjamin)의 예술이론에서 나온 말이다. 그 누구도 흉내 낼 수 없는 자신만의 향기, 고고한 분위기를 말한다. 크리에이티브한 사람들에게서는 보통 사람들과 다른 아우라가 느껴진다. 제7의 감각, 직관의 힘을 찾아내 자신만의 강력한 에너지로 만든 사람들이기 때문이다.

잘 되는 사업체, 매장의 경우도 마찬가지다. 문을 열고 들어가는 순간, 본능적으로 그곳의 아우라를 느끼게 된다. 말로 표현하기는 어려워도 직감적으로 '기분 좋은 느낌' '매력 있는 향기' '신선하고 고급스러운 느낌' 등 알 수 없는 어떤 에너지와 매력에 빠져드는 것을 느껴보았을 것이다.

"저 사람은 타고 났어! 보통사람인 우리와는 달라!" 하고 아우라가 느껴지는 사람들이 많다. 하지만 과연 그럴까? 그와 보통사람의 차이는 딱 한 가지 '아웃 오브 박스'(Out of Box) 즉 기본의 관점을 뒤집고 자신 안에 이미 잠재되어 있는 거대한 능력인 '직관의 힘'을 발견했다는 점이다.

물론 본능적으로 자신만의 직관, 아우라를 활용하는 사람도 있다. 하지만 대부분 그들의 아우라는 지속적인 훈련을 통해 완성된 것이다. 경험-사색-정의-철학-아우라를 반복하면서 인간의 본성적인 제7의 감각, 직관을 훈련하면 자연적으로 '자신만의 아우라'가 만들어진다. 1평짜리 매장을 가지고 있으면서도 엄청난 매출을 올리는 사람은 단지 열심히 노력한 덕분일까? 직관적인 힘을 활용해 아우라를 완성했기에 고객들은 본능적으로 그의 매력에 빠진 것이다.

자신감은 곧 비즈니스의 막강한 힘으로 작용하고, 자연스럽게 자본으로 연결된다. 다른 이의 관점에서 세상을 바라보면 절대 답이 나오지 않는다. 온전히 '자신의 본성, 직관의 힘'을 믿고 활용해야 자신만의 명답이 나온다. 자신만의 컬러, 직관, 감각, 스타일이 완성되는 것이다.

직관과 온전히 만나기 위해서는 '철저히 혼자만의 공간과 시간'을 통해 사색해야 한다. 다른 사람들의 견해와 개입을 차단하는 훈련을 위해 꼭 필요한 방법이다. 다른 이의 조언과 피드백은 좋은 점도 있지만 직관의 훈련에 방해가 되기도 한다. 깊은 침잠(沈潛)의 시간, 자신과 온전히 만나는 시간

속에서 비로소 직관의 문이 열리기 시작한다. 이것은 시간과 공간, 정성이라는 트라이앵글이 맞아야 가능하다. 온전히 하나로 일치했을 때 '직관력'을 깨울 수 있기 때문이다.

사람이 부산스러우면 온전히 대화를 하기 어렵다. 강의나 강연이 없는 날이면 어김없이 도서관이나 카페를 찾는 이유가 바로 이것이다. 다른 사람의 방해를 받지 않고 오롯이 나 자신과 만나는 시간을 가지면서 '직관의 힘'이 탄탄해졌다. 상상의 나를 맞은편에 앉히고 대화하는 시간을 가졌다. 효과는 놀라웠다. 문제가 생길 때마다 이 방법을 활용하여 답

주제에 맞는 감각들을 쉽게 보여주기.

을 찾아냈고 해결했다.

사람들은 '직관'이 얼마나 강한 힘을 발휘하는지 잘 알지 못한다. 온몸을 통해 전해지는 정보를 받아들여 문제를 해결할 수 있는 것은 머리가 아닌 직관이다. 하루 10분만 시간을 내서 자신의 본성, 직관과 대화를 시작한다면 삶은 물론 현재의 업에서도 엄청난 변화가 시작될 것이다. 직관은 지속적인 훈련을 통해 이루어진다. 나 역시 10년이 넘는 시간 동안 머리가 아닌 직관으로 상황을 인식하고 판별하고 해결점을 찾고자 훈련한 결과, 어느 매장에 가더라도 첫 분위기, 느낌에서 문제점과 개선점 등의 솔루션을 직감적으로 찾아낼 수 있게 되었다.

우리가 잘 아는 실제 사례가 있다. 프로야구계의 살아있는 레전드 양준혁 선수다.

양준혁은 3할타자다. 누구나 그렇게 알고 있다. 하지만 늘 그랬던 것은 아니다. 그도 슬럼프를 겪었고, 2할대로 내려간 적도 있었다. 그럴 때면 스스로 묻고 스스로 처방을 내리면서 연습하고 또 연습했다. 그러던 어느 날, 어린 시절의 사진 한 장에서 '만세타법'의 영감을 받고 타법 스타일까지 바꾸었다. 그렇게 그는 다시 3할 타자로 우뚝 올라섰다.

또한 양준혁은 늘 1루를 향해 전력질주를 한다. 그렇게 전력질주를 하다 보면 1년에 3~4개의 땅볼이 안타로 연결된다. 그것이 2할을 3할로 끌어 올리는 작은 행운이 되기도 한다. 스스로 답을 찾아가는 과정에서 그는 자신이 원하는 지점으로 다가갔다.

직관은 기계나 인공지능이 절대 범접할 수 없는 '신과 인간만의 영역'이다. 기계는 '이성의 뇌'를 가졌지만 인간은 '감각, 감성의 뇌'를 가졌기 때문이다. 이는 철저히 혼자만의 시간을 갖고 훈련을 거듭하면서 개발된다. 나만의 그 무엇, 아우라는 이미 당신 안에 담겨 있다. 그 문을 여는 황금열쇠는 바로 '지속적인 훈련'이다. 기꺼이 혼자만의 시간을 갖는 지속적인 훈련 말이다.

영화 바라보기

영화 『그녀』(Her, 2013)
감독 스파이크 존즈, 출연 호아킨 피닉스·스칼렛 요한슨

따뜻한 공감과 사랑이 그리운 사람들 그리고 사랑.
사람보다 더 사람 같은 인공지능 운영체제와 사랑에 빠지다.

2장 / 보여야 믿고, 믿으면 보인다

[시각]

사람의 눈이 가장 바보스럽다

이성의 외모에서 가장 먼저 보는 곳은 어디일까? 얼굴, 키, 스타일? 그 중에서 빠지지 않는 곳이 있다. 바로 눈이다. "어머니 날 낳으시고 원장님 날 만드시니"라는 말이 있을 정도로 이제 얼굴은 얼마든지 바꿀 수 있다. 키도 여러 가지 방법으로 높일 수 있다. 스타일은 전문가를 만나 바꾸면 된다. 우리 몸에서 유일하게 거짓이 없는 부분이 눈이다. 상대방의 진심은 눈 안에 담겨있다. 눈을 보는 이유는 진심을 보고 싶어서다. 오감 중에서 매출을 끌고 오는 으뜸 중의 으뜸은 진심이 담긴 눈이다.

"눈으로 말한다"는 말이 있다. 연인에게 진정한 사랑을 받고 싶다면, 간절한 마음을 담고 그를 지그시 바라보라. 많은 이야기를 하는 것보다 더욱 확실한 메시지를 보낼 수 있다. 눈은 말보다 더 호소력이 강하다. 누군가 큰 슬픔에 빠져있다면 말로 위로하려 하지 말고 슬픔이 담긴 눈빛으로 바라보며 손을 꼭 잡아주면 된다.

모임이나 행사에서 나를 소개할 때가 있다. 백화점 직원이나 스토어 매니저가 모인 곳에서는 VMD라고 소개하면 모든 설명이 끝난다. 이 직업을 잘 아는 사람들끼리 있으면 마음이 편하다. 옷이나 화장도 평소처럼 가볍게 한다. 반대로 여러 직업군이 모이는 곳에 가면 직업을 어떻게 설명해야 할지 고민한다. VMD에 대해 아직 사회적으로 인식이 부족하기 때문이다. 그래서 여러 직업군이 모인 자리에 갈 때는 VMD 1세대로서 프로답게 보이고 싶은 심정으로 옷과 화장에 더욱 신경을 쓴다. 옷과 화장이 달라지니 말과 행동도 저절로 달라진다. 그런 나를 보는 여러 사람의 시선도 덩달아 달라진다. 그날 팔린(?) 명함 개수가 이를 잘 말해준다.

나는 "옷은 나를 위해 입는다"라고 믿는다. 분명히 같은 노희정인데, 옷이나 화장에 따라 나에 대한 인식이 달라진다. 눈으로 본 것으로 상상을 하고 각자의 이미지로 나를 만들어낸다. 이미지를 만들어내는 시작은 시각이라는 감각이다. 보아야만 이미지로 만들어낼 수 있기 때문이다.

VMD에게 시각은 매우 중요한 요소다. 콘셉트가 나오면 '어떻게 보여줄까'를 먼저 고민한다. 사람의 시각은 자신이 가진 프레임에 따라 달라진다. 그래서 매장을 찾는 사람들의 평균적인 프레임을 판단해서 시각적인 요소를 바꿔 나간다. 평균 프레임을 찾아 매출을 올리는 게 시각을 매출로 올리는 핵심이다.

사람은 시각에 따라 많은 부분을 결정한다. 즉 눈으로 보아야만 믿고 구매한다. 하지만 사실 우리 눈은 참 바보 같다. 우리 눈은 머리를 움직이지 않는다면 좌우 100도, 위로 60도 아래로 70도 정도만 볼 수 있다. 이를 계산해보면 좌우는 100도×2÷360=56%, 위아래는 (60+70)도÷360=38%만 보게 된다. 전체 공간의 절반도 못 보는 셈이다. 그러면서 이 좁은 시야에 많은 걸 의지한다. 그동안 우리가 경험한 수많은 착시현상을 감안하면, 눈은 결코 이성적이지 않다는 것을 알 수 있다. 뇌는 이처럼 이성적이지 않은 데이터를 토대로 행동을 결정한다. 감각을 자본으로 바꾸기 위해서는 이와 같은 감각의 특성을 이해할 필요가 있다.

언젠가 EBS 『지식채널 e』에서 '당신의 눈을 믿지 마세요'라며 다양한 착시 사진들을 공개했다. 정지해 있는 동그라미 같은데 가까이 가서 보면 움직인다. 아니, 멈춰 있는데도 계속해서 움직이는 것처럼 보인다. 길이도 그렇다. 실제는 똑같은 길이의 실선이지만 화살표를 그리면 길이가 다르게 보인다. 모든 사물은 어디에 관심을 두느냐에 따라 다르게 된다. 존재하는 것은 중심이 될 수도 있고 배경이 될 수도 있다.

또한 우리 눈에는 모든 것들의 움직임이 연속적으로 보인다. 앞뒤의 시각 정보를 뇌에서 채워 넣음으로써 눈이 보지 못하는 동안에도 작용하도록 하기 때문이다. 눈을 감고 있는 시간에도 채워 넣기는 계속된다. 24시간 동안 눈의 깜박임이나 운동으로 볼 수 없는 시간을 계산해보면 대략 1시간에서 1시간 30분 정도가 된다. 즉 우리가 실제 눈으로 본다고 생각하는 부분의 5% 정도는 뇌가 만들어낸 상상의 이미지인 셈이다. 심지어 망막에 신경세포가 없어서 이미지가 아예 만들어지지 않는 곳도 있다. 그쪽으로는 볼 수 없다는 말이다. 이를 암점이나 맹점(盲點)이라고 한다.

어두운 환경에서는 아무것도 볼 수 없다. 중심 시력을 맡은 중심오목에 막대세포가 없기 때문이다. 하지만 이 역시 시각 체계가 빈 공간을 채워주기 때문에 생활하면서 맹점을 느끼지 못한다. 빈 공간을 환상으로 채워서 보는 것이다. 예를 들어 판자를 사이에 두고 한쪽에는 강아지의 머리가 보이고, 다른 쪽에는 꼬리만 보인다고 해보자. 판자 길이가 강아지 몸통 정도라면 우리는 당연히 강아지가 한 마리 있다고 생각하게 된다. 시각적 착각 현상인 채워 넣기의 전형이다. 이는 경험에 의해 후천적으로 학습된다.

1889년, 프랑스대혁명 100주년과 파리만국박람회를 기념하기 위해 7,000톤이 넘는 철골로 320미터가 넘는 거대한 구조물을 세웠다. 파리 어디에서도 이 건물을 볼 수 있었다. 하지만 사람들은 철골로 만들어진 이 건물을 천박하다고 생각했다. 빨리 철거하라는 민원이 쏟아지자 20년만 유지하기로 약속을 하고 겨우 구조물을 완공할 수 있었다. 이 흉물을 너무나 보기 싫어했던 프랑스의 대문호 모파상은 그 안에 들어가 식사를 했다. 파리에서 이 구조물을 볼 수 없는 곳은 오직 그 안이었기 때문이다. 하지만 20년이 흐른 뒤 약속대로 철거를 하려고 하자 이번에는 철거 반대 운동이 일어났다. 어느새 그 구조물은 흉물이 아니라 아름다운 파리의 상징이라고 받아들이게 된 것이다. 이 구조물이 바로 파리 하면 떠오르는 '에펠탑'이다.

매일 아침 눈을 뜨면 에펠탑이 보이고 잠들기 전에도 보이니 차츰 매력적으로 느껴졌던 것이다. 이처럼 아무리 피하고 싶은 흉물이라도 계속, 오래 보면 호감이 가게 되는 것을 '에펠탑 효과'라 부른다.

우리의 시각과 뇌는 이렇듯 바보스러운 존재다. 아무리 보기 싫어도 계속 보면 끌림이 온다. 브랜드나 콘셉트를 만들고 나서 끈기 있게 유지

시간이 지나면….

해야 하는 이유다.

인간의 오감 중 시각은 제품에 대한 정보와 첫 이미지를 가장 빠르고 민감하게 소비자에게 전달해준다. 광고 제품과 잘 어울리는 한 가지 색깔과 효과적인 메시지를 함께 전달하면 매출을 증가시킨다. 이처럼 컬러로 마케팅에 성공한 대표적인 사례가 '포카리 스웨트'다.

음료이기 때문에 무엇보다 상쾌한 이미지가 중요했다. 그래서 다른 기업과 달리 상쾌한 이미지에서 청순함을 가져왔다. 포카리 스웨트 광고에 등장하는 그리스의 산토리니라는 마을을 보면 알 수 있다. 청순한 여배우가 푸른 바다를 배경으로 새파란 원피스를 입고 쨍한 햇살 아래 밝게 웃고 있다. 채도가 높은 파란색과 흰색은 이 음료의 주요 컬러, 즉 아이덴티티라고 할 수 있다.

또 '빨간 모자'로 유명한 SK엔크린은 '빨간색=SK엔크린'으로 빨간 색깔에 신뢰와 만족 이미지를 얹었다. 즉 색상의 이미지로 제품의 정체성을 만든 것이다.

안십중구(眼十中九)라는 속담이 있다. "몸이 천 냥이면 눈이 구백 냥이다"라는 말이다. 우리 몸의 모든 기관이 중요하지만 그중에서도 눈이 가장 소중하다는 뜻이다. 만약 눈이 보이지 않는다면 모든 것을 잃어버린 것과 같을 수밖에 없다. 가장 바보스럽지만, 눈은 사람의 저변에 있는 보이지 않는 것들, 가장 깊은 것까지도 보여주고 말해준다. 아이러니컬하게도 눈은 비이성적이다. 비이성적인 데이터를 뇌 속에 입력해서 우리의 행동을 결정하게 한다. 시각을 자본으로 바꾸기 위해 반드시 알아야 할 눈의 특성이다.

55 : 38 : 7 법칙, 메르비안의 법칙

미국의 사회심리학자 엘버트 메르비안은 사람을 설득할 때 영향을 끼치는 것은 시각적인 요소가 55%, 목소리의 억양이나 속도 등 청각적인 요소가 38%, 내용이나 인격 등 언어적인 요소가 7%라고 말했다. 이것이 바로 유명한 '메르비안의 법칙'이다.

같은 비용으로 최대의 효과를 보고 싶다면 당신은 무엇에 투자할 것인가? 메르비안의 법칙에 따르면, 당연히 '보이는 것'에 투자를 해야 한다. 시각이 변하면 모든 것이 바뀐다. 그것이 바로 자본이 되고 매출이 되는 것이다.

'글래머'라는 단어를 들으면 무슨 생각이 들까? 거의 모든 사람들이 '가슴이 풍만한 여자'를 떠올릴 것이다. 하지만 본래 글래머는 사전적으로 부티, 매력, 화려함, 귀티 등을 뜻하는 말이었다. 스코틀랜드에서는 오래전부터 '마법의 힘'이라는 뜻으로 쓰였다.

실제로 1902년의 웹스터 사전에서는 글래머를 '어떤 대상을 실제보다 훨씬 크거나 좋아 보이게 하는 연상작용 혹은 인공적 효과', '사물을

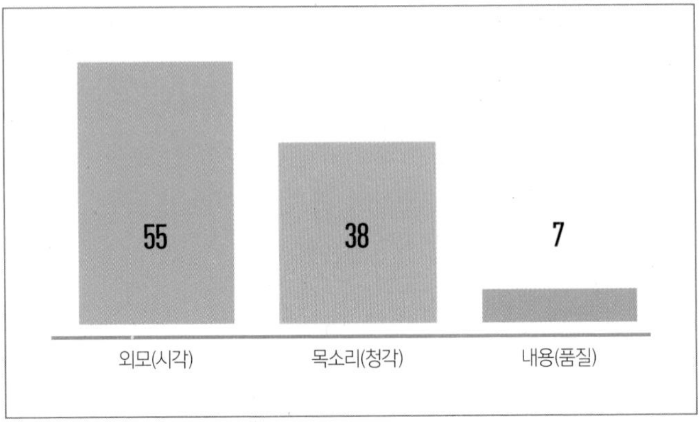

메르비안의 법칙
보이는 게 모든 것을 좌우한다.

실제 모습과 달라 보이게 만드는 아지랑이 효과' 등으로 설명했다. 한마디로 글래머란 시각적인 환상을 심어줌으로써 '제 눈의 안경'이 되게 만드는 것이라 할 수 있다.

'뛰어난 사진작가는 뛰어난 거짓말쟁이'라는 말처럼 글래머란 현실을 편집해서 보여줌으로써 목적을 달성하는 것이다. 테러 행위조차 그 원천은 상상력인 경우가 많다. 종교적 순교나 지하드도 글래머로 작동하고, 영화나 스포츠, 패션, 음악, 관광, 부동산 마케팅에도 사용된다. 예를 들어 '새로운 인생은 새 집에서 시작하자'는 부동산 광고도 시각을 자본으로 끌어들인 것이라 할 수 있다.

백화점은 물론 전통시장에서도 시각은 매우 중요하다. 시장의 전체 이미지를 떨어뜨리는 골치 아픈 점포가 가끔 있다. 그런데 가장 적은 비용으로 문제를 개선한 케이스가 있다.

일단 제품을 소포장하고 바구니에 원산지 표시를 했다(POP). 그리고 노후화된 진열대에 천막 시공을 한 후, 대표색의 이미지를 부착하고 컬러감을 통일해서 정리 정돈하여 진열했더니 매출이 향상되었다. 고객은 눈에 보이는 것을 믿고 기억하고 인식한다. 기존 고객뿐 아니라 신규 고객을 늘려 진열된 상품을 구매하도록 해야 한다. 그래야 지속적인 선순환으로 매출이 증대된다.

대구 경산의 D통닭집은 간장조림 전문점이다. 지금은 줄을 서서 구매할 정도로 유명해졌지만 처음엔 그렇지 않았다. 뜨거운 조림닭을 장판 위에 놓고 식혔는데, 고객의 눈에는 위생적이지도 않고 건강에도 좋지 않아 보였다. 그래서 장판을 대리석으로 바꾸어 위생적으로 개선했고, 한방 재료의 스토리를 추가했더니 신뢰도가 증가하여 매출이 늘어났다. 또 매장의 모든 컬러를 주황색으로 통일했는데, 이는 식욕을 돋우는 역할을 톡톡히 하였다.

'치킨' 하면 떠오르는 노랑·주황을 고객이 생각하는 컬러와 연결하였다. 또 어수선한 가게에서 더운 날 땀을 뻘뻘 흘리며 메뉴들을 이미지 연출하여 촬영, 시각적인 사인물로 만들어 마케팅에 적용했다.

VMD에서는 특히 조명도 중요하다. 리듬감 있게 노란 조명과 하얀 조명을 적절하게 사용해야 한다. 아늑하고 따뜻한 노란색 조명은 따뜻한 메뉴가 있는 식당이나 액세서리, 의류, 이불점 등에서 사용하면 좋고 차가운 느낌의 하얀색 조명은 생선가게에 주로 사용한다.

지금은 비주얼의 시대, 감각과 감성 스토리의 시대다. 전 세계에 스마트폰이 보급되면서 비주얼의 힘은 더욱더 강력해지고 있다. 대상을 바라보는 1차 감각은 시각이라 해도 과언이 아니다. 사람들은 첫인상, 첫 느낌에서 본능적으로 결정을 내린다. '아! 이 물건 좋은데! 이 느낌이 끌려!' 굳이 말하지 않아도, 애써 부인해보려 해도 인간의 본능은 시각에 압도당하고 만다. 이제 비주얼의 힘은 모든 분야에 스며들어 강력한 힘을 발휘하고 있다. 우리가 늘상 접하는 SNS만 봐도 사람들이 얼마나 비주얼에 열광하는지 알 수 있다. 생생한 느낌의 사진(시각)이 없는 유저들은 관심의 대상에서 멀어진다. 전 세계의 기업들이 가상현실(Virtual Reality, VR)이나 증강현실(Mixed Reality, MR)에 박차를 가하는 데는 그만한 이유가 있다. 시각이 각인이 되면 사람들의 잠재의식까지 각인이 되기 때문이다.

서울의 '인사동과 삼청동, 북촌과 서촌'이 주목받는 이유도 이와 다르지 않다. "이 상품이 정말 좋아요!" "우리 매장이 얼마나 세련되고 좋은데요!" 백 번 천 번 말하는 것보다 사람들의 시선을 끌어들일 수 있는 시각적인 조형물을 하나 세워두는 것이 훨씬 효과적일 때가 많다.

몇 해 전 일본의 오사카를 다녀왔다. 비주얼이 얼마나 큰 힘을 가졌는지 새삼 실감했다. 오사카 하면 대형 꽃게, 성화를 가지고 달리는 남자, 엄청난 크기의 일식요리사 캐릭터 등이 자연적으로 떠오른다. 굳이 설명하지 않아도 꼭 한번 가보고 싶은 곳으로 자동 각인되고 연상되는 것이다. '사슴' 하면 일본의 나라현이 자동으로 떠오르듯 말이다.

인간의 뇌는 언어보다 이미지에 강하게 반응하도록 만들어져 있다. 수백 장의 글을 읽으면서 이해하는 것은 어려워도, 단 한 장의 그림에서는 자동적으로 그 의미와 뜻을 파악할 수 있다. 시각은 21세기의 빼놓을 수 없는 자본이다. 시각은 인간의 뇌와 심리를 자극하고 행동을 유발한다. 같은 비용으로 최대의 효과를 내고 싶다면 반드시 '비주얼(시각)'에 초점을 맞추어 공을 들여야 한다. 1평짜리 작은 매장이라도 어떻게 사물을 배치하고 시각적인 효과를 주느냐에 따라 매출은 극적으로 변한다. 단, 명확한 스타일과 콘셉트와 방향이 있어야 한다. 하늘에서 대지 전체를 바라보는 매의 눈을 가져야 한다는 말이다.

시각 전략이 얼마만큼의 효과를 가져오는지 주변의 사례에서 확인해 볼 수 있다.

내 주변에 평범했던 한 예술가가 있다. 지인을 통해 알게 된 그는 보통 사람과 크게 다르지 않았다. 얼핏 보면 화가인지 평범한 직장인인지 구별하기 어려웠다. 누구든 그 업에 맞는 분위기와 느낌이 배어나는 시각적인 효과와 포지션이 중요하다. '아 저 사람! 요리사 같아' 혹은 '예술가 같아' 하고 단번에 느껴질 수 있는 '이미지 메이킹'이 필요하다는 말이다. 첫인상은 수많은 만남을 가진 후에도 잔상처럼 남기 마련이다.

나는 일단 '자유'의 느낌이 나는 예술가의 모습으로 이미지 메이킹을 시도했다. 효과는 단번에 나타났다. 전에는 관심조차 없었던 사람들 사이에서 그는 주목받는 사람이 되었다. 모자와 수염, 옷의 컬러를 바꾸었을 뿐인데 전과는 전혀 다른 인물이 된 것이다.

나 여기 있다.

이처럼 시각의 힘, 컬러의 힘은 마법과 같은 힘을 발휘한다. 아무리 실력이 좋아도 남들과 차별화되지 않는 이미지를 갖고 있다면 스포트라이트를 받기 어렵다. 전략은 바로 시각의 변화, 컬러의 변화에서 시작된다고 해도 과언이 아니다. 사람들은 눈에 보이는 것을 믿는다. 눈에 보이는 것이 과학적이고 논리적인 것이라 믿는다. 하지만 선택은 언제나 첫 대면 때의 감정과 느낌이라는 것을 기억해야 한다.

제임스 카메론의 3D영화가 착시이고 착각인 줄 알면서도 사람들은 그 안으로 빠져들고 열광한다.

20년 전 애니메이션으로 제작되어 돌풍을 일으켰던 『미녀와 야수』가 3D, 4D로 제작되어 2017년에 재개봉했다. 똑같은 콘셉트, 비슷한 전개에도 불구하고 전 세계적으로 주목을 받으며 매출이 높았다. 평면에서 입체로 시각적인 효과의 변화를 주었을 뿐인데 내용 전개와는 상관없이 큰 관심을 보여주었던 것이다. 그들에게 내용은 중요한 것이 아니다. 젊은 시절 감동과 추억을 떠올리며 시각적인 호기심으로 열광한 것이다. 시각의 힘이 얼마나 강력한지 느껴지는 대목이다.

무작정 열심히 한다고 해서 좋은 결과가 나오는 것은 아니다. 지금 당장 자신의 매장에 극적인 시각효과를 줄 아이디어와 전략이 무엇이 될지, 어떤 것이 필요한지 메모지에 적어 보자.

장사하겠다면 시각적인 요소를 훈련하라

무의미한 노동은 없다. 하지만 일에서 우울함을 느끼는 사람은 많다. 지금 하고 있는 일이 무의미하다고 느끼는 순간 우울함이 밀려온다.

노동에서 무의미함을 느끼는 것은 감동이 없어서다. 지금 하는 일에 감동이 없다면 날마다 무의미한 반복일 뿐이다. 새로운 일을 프로젝트 형태로 하는 사람이 아니면 대부분 반복적인 일을 할 수밖에 없다.

모든 감각은 감동에서 시작된다. 감동이 없으면 감각을 발달시킬 수 없다. 한번쯤 생각해보자. 감동다운 감동을 받은 지가 언제인가?

컨설팅을 위해 매장에 나가보면 상태별 단계가 있다. 대략 다섯 가지 단계가 있는데, 매뉴얼이 아니라 오랫동안 그 일을 했던 경험에서 나온 것이다. 0단계 매장은 1단계까지만 올려주고, 3단계 매장은 4단계까지만 올려준다. 욕심 없이 1단계만 올려줄 뿐이다. 이후 두 가지 부류로 나누어진다. 스스로 단계를 올리는 사장님과 멈춰 있는 사장님이다. 둘의 차이는 매출 규모, 학력 등과는 아무 상관이 없다. 감동의 차이일 뿐이다.

"우와! 진열을 이렇게 활용하네요"라고 말했던 인천 D건어물가게 사장님이 있었다. 상품을 소포장한 비닐의 상단 위에 조명을 강화했더니 멸치와 건어물들이 반짝반짝 빛이 나며 물결치는 것 같아 보였다. 별로 큰돈 들이지 않고 바꿔준 것인데, 매출이 30% 이상 뛰었다. 사장님은 감동했다. 50대 중년 남자가 아이처럼 즐거워하는 모습에 나도 즐거웠다. 몇 개월 후 가게를 다시 찾았을 때, 그 사장님은 알아서 가게를 지속적으로 변화시키고 있었다.

그 반대인 경우도 많다. 분위기 전환이 크도록 매장을 바꿔도 시큰둥한 반응을 보인다. 컨설턴트가 왔으니 당연히 알아서 하라는 의미다. 재방문을 하면 바꿔준 것도 관리를 안 하는 경우가 많다. 바꿔준 것에 감동을 했다면 분명 달라졌을 것이다.

단언컨대, 장사 또는 사업을 하고 싶다면 시각적인 요소의 훈련이 필요하다. 무엇보다 매장 판매자의 첫인상은 매우 중요한 시각적인 요소다. "네 얼굴은 너의 것이 아니라 네 얼굴을 본 사람들의 것이다"라는 말이 있듯이 인상은 시각적인 이미지의 한 요소다. 우리나라 사람들은 잘 웃지 않는다. 표정이 굳어 있어서 외국인들이 무섭다고 할 지경이다. 강의에서 가끔 보여주는 동영상이 있다. 지하철 내에서 어떤 여자의 신체를 누군가 터치했다. 여자는 뒤돌아서 남자들의 얼굴을 본다. 누가 가장 음흉하게 생겼는지 판단하고 따귀를 때린다. 우리가 사용한 최근 아니면 그 이전의 표정과 인상이 지금 당신의 인상이다.

입꼬리를 관장하는 근육이 미국인은 태어날 때부터 위에 있다고 한다. 하지만 우리나라 사람들은 태어날 때부터 아래쪽에 있다. 문장이 끝날 때마다 소리 내지 않고 입모양에 '~이'를 붙여보면 이미지를 바꾸는

데 도움이 된다. 활짝 웃는 미스코리아의 얼굴을 생각해보자. 진, 선, 미 자리를 놓고 치열하게 준비하는 미스코리아처럼 연습한다면 누구나 달라질 수 있다.

무엇을 포장해도 시각적인 요소가 중심이고, 카탈로그를 만들어도 시각적인 요소가 중심이다. 무슨 일이든 시각적인 요소가 필요하다. 시각적인 요소를 기르고 싶다면 무조건 감동이 필요하다. VMD 강의를 나가면 어떻게 바꿔야 하는지 테크닉을 알려달라는 사람이 많다. 당장 사용할 수 있는 기술만 배우고 싶다는 말이다. 그 마음은 이해가 간다. 하루하루 바쁘게 사는데, 시각을 기르는 체계적인 교육을 받고 사소한 일에 감동을 느낄 시간이 없다는 말이다. 그래도 감동과 훈련이 필요하다. 그래야 지속할 수 있다. 감동이 없으면 지속할 수 없다.

먼저 주인이 감동해야 고객도 감동한다. 강의에서 노란색과 파란색이 섞인 화면을 사람들에게 보여주면 대부분 노란색이 파란색보다 더 크게 보인다고 말한다. 노란색이 크게 보이는 경우는 피곤하고 스트레스가 많을 때다. 이렇듯 컬러는 심리적인 요소와 연결된 것일 뿐만 아니라 많은 것을 의미한다.

점포를 브랜드화하려면 앞에서도 이야기했듯 매장의 콘셉트를 먼저 정해야 한다. 예를 들어 고급스러움인지 편안함인지 착한 가격인지 등을 먼저 정한다. 그리고 주력상품과 컬러를 정한다. 따뜻한 상품인지 차가운 상품인지 정하고, 트렌드에 맞는 디자인인가 파악하는 것도 중요

어디에나 있는 떡집(창원 - 명곡떡집).

명곡떡으로 브랜딩하다(최소의 비용으로 VMD).

하다. 차별화된 집기로 진열을 하고 스토리를 입힌 다음 스토리와 상품의 컬러를 연결해준다. 그리고 마케팅과 홍보에 시각적인 감각이 필요하다. 고객은 컬러로 상품을 인식한다. 점포별로 주요 품목과 어울리는 컬러를 체크해야 한다. 이탈리아 브랜드 베네통은 1990년대에 컬러 마케팅으로 시장을 석권했다.

컬러 마케팅으로 기존 매장을 개선하기 위해서는 먼저 고객이 바라보는 지점에서 매장의 사진을 찍는다. 그리고 자신의 매장의 주력 컬러가 몇 개인지 파악하고, 무엇을 대표적인 컬러로 보여줄 것인지 정한다. 그런 다음 상품의 이미지와 연결되는지 파악한다.

브랜드의 이미지를 구축하는 데 컬러가 중요한 이유는 브랜드의 정체성이 확실해 보이기 때문이다. 브랜드에 대한 친근함이 생기고 구매에 도움이 되기도 한다.

어느 지역 어느 시장에 있는 흔한 떡집이라 하더라도 디자인과 컬러를 통일하고 진열을 차별화하면 고객은 흔한 떡집이 아니라 브랜드로 인식하게 된다. 그런 다음 컬러와 이미지로 더욱 기억하기 쉽게 반복해서 보여준다. 그것이 바로 브랜딩이다.

시각적인 훈련은 많이 보는 것에서 출발한다. 단순히 보는 걸 떠나 감동하고 느껴야 한다. 특별한 걸 보기 위해 유명 박물관이나 미술관에 갈 필요는 없다. 가까운 곳부터 가보자. 그곳에서 관광이 아닌 여행을 하면서 차분히 관찰하거나 생각하면 된다.

시각적인 요소를 기르기 위해 일상 속에서 습관화하면 좋은 방법이 있다.

가토 마사하루가 『생각의 도구』에서 소개한 21가지 생각의 도구 가운데 하나가 컬러배스(color bath)다. 한마디로 '색을 입힌다'는 뜻인데 어느 특정한 색이나 모양을 일부러 의식하면 평소에 그냥 무심코 지나치는 부분(data)들이 자연스럽게 눈에 들어오는 효과를 말한다. 일상에서 관찰력을 갈고 닦는 훈련을 할 수 있다.

오감 중 80% 이상의 지각(知覺)을 담당하는 감각이 시각(視覺)이다.

광고회사는 때때로 신입직원들에게 소리나 자막이 없는 드라마나 영화를 시청하게 하고, 보고서를 쓰게 한다. 이렇게 의식적으로 영상을 계속 보면 희한하게도 평상시 보이지 않던 것들이 보이게 된다고 한다.

수많은 상품과 브랜드가 넘쳐나는 시대다. 이럴 때일수록 전략적인 컬러 활용으로 소비자에게 어필해야 한다. 상품에 대한 인상에 가장 큰 영향을 끼치는 것이 시각이기 때문이다. 그래서 장사를 하겠다고 생각한다면 시각적인 요소를 열심히 훈련해야 한다. 평소 드라마를 보면서 역할을 맡은 인물들이 입고 있는 의상의 컬러를 유심하게 관찰하는 것도 좋다. 캐릭터에 따라 입는 옷과 컬러가 다르기 때문이다. 컬러에 대해 관심을 가지고 모든 것을 연관시켜 보면 어느새 전문가는 아니더라도 고수가 될 수 있다. 중요한 것은 관심을 갖는 것이다. 그때부터 비로소 컬러가 보이기 때문이다.

컬러는 강하다

지구상에 존재하는 모든 생명 있는 것들은 태양의 빛에너지로 살아간다. 빛은 생명에너지의 근원이다.

우리 눈의 망막 가운데 있는 원추세포는 빨강(R), 초록(G), 파랑(B) 색깔 빛만 받아들인다. 이렇게 흡수한 RGB의 세 가지 빛은 뇌로 전달되고, 뇌는 이것을 재구성해서 다양한 색을 구별하도록 만든다.

미국의 루이스 체스킨은 "인간은 색채를 감정적으로 판단한다"라고 했다. 또 『색의 비밀』을 쓴 노무라 준이치는 오감 가운데 시각이 87%를 차지한다며 색깔의 영향력을 강조했고, 심리학자 피버 버렌은 배고픔을 느끼게 하고 식욕을 불러일으키는 것은 붉은색이라고 했다. 실제로 KFC나 맥도날드, 롯데리아 등 패스트푸드점의 매장 간판과 실내장식, 직원들의 유니폼 등은 모두 붉은색을 기본으로 한다.

1950년대에 미국의 어느 교도소에서 건물 내부와 취조실을 분홍색으로 칠했더니 재소자들이 온화해지고 부드러워졌다고 한다. 이처럼 색깔은 사람의 성격까지도 바꾼다는 연구 결과가 있다.

색깔은 브랜드나 제품의 이미지를 나타낸다. 사실 소주병은 원래 투명하거나 연한 하늘색이었다. 그런데 롯데주류에서 '그린소주'라는 초록색 병을 내놓으면서 어느덧 소주병은 '녹색'이 대세가 되었다. 부드럽고 순한 느낌을 주는 초록색이 몸에 별로 나쁘지 않을 것이라는 착각을 하게 만드는 것이다.

『색깔의 힘』을 쓴 컬러리스트 김정해는 "색깔은 자아의 정체성과 밀접한 관련을 맺고 있다"라고 말한다. 사람은 색깔을 통해 누구나 자아를 발견할 수 있고, 이를 통해 개성이 강해지고 자존감이 회복된다는 것이다. 또 색을 통해 자유를 찾게 함으로써 억눌린 것을 풀어주고 풍요로운 삶을 살게 한다고 강조한다.

UX(사용자 경험) 디자인을 통해 주민들이 심리적 안정을 찾은 사례가 있다. 서민보호치안구역이었던 염리동 골목길은 디자인과 컬러의 변화를 통해 범죄율이 줄었다.

이처럼 사람의 마음과 감정은 색깔의 강한 영향을 받게 되어 있고, 색깔은 우리 일상생활 곳곳에서 큰 힘을 발휘하고 있다. 하지만 시각은 매우 주관적인 감각이기도 하다. 컬러마케팅에 공을 들여야 하는 이유다.

컬러는 음악처럼 우리의 '감정'과 '정서'를 자극하고 호소한다. 이러한 속성을 잘 알고 있는 종교인이나 예술가, 철학자, 언어학자들과 광고 디자이너들은 이를 적극 활용한다.

색은 인간의 눈(시각)을 통해 뇌로 들어와 무의식의 저편, 감정을 터치하는 마력을 가지고 있다. "캔버스 위에서 색을 구성하는 행위야말로 그림

디자인은 생활이며 질서다.

의 진정한 '연금술'이다." 16세기 베네치아의 작가 파울로 피노는 인간의 잠재의식에 작용하는 컬러의 마력을 이와 같이 비유하기도 했다. 황금의 예술가 구스타프 클림트 역시 컬러가 가진 마력의 힘을 잘 알고 있었다. 거대한 캔버스 전체를 가장 화려한 황금의 컬러로 장식하고 채색한 그의 작품은 수백 년의 시간을 초월해서 지금까지 열광적인 사랑을 받고 있다. 이처럼 컬러는 인간의 욕망, 그 깊은 곳의 무의식을 터치하여 평범함에 황금의 가치를 더하는 엄청난 힘을 가지고 있다.

한국의 전통시장과 소상공인 점포 대부분은 알록달록한 빨간색 아니면 노란색을 쓴다. 눈에 띄는 것이 최고의 홍보이자 마케팅이라고 여기기 때문이다. 그래서 점포들이 다 비슷비슷하게 느껴진다.

컬러를 살아 숨 쉬는 생명체로 인식하기 시작하면, 컬러마케팅 전략이 나온다. 간판이나 매장의 벽면 컬러 하나만 바꾸었을 뿐인데 매출이 향상되고, 찾아오는 고객의 반응이 좋아지는 사례는 부지기수다. 컬러는 마법의 황금가루를 뿌리는 연금술과 같다. 많은 돈을 투자하지 않더라도 효과를 볼 수 있는 컬러 아이템이 많다. '매장을 찾아오는 고객들에게 어떻게 시각적인 즐거움을 선물해줄까?' '문을 열고 들어오는 순간 기분이 좋아지는 매장의 이미지를 선물해주고 싶다'는 생각으로 하나하나 관심을 갖기 시작하면, 작은 소품 하나로도 극적인 매출로 연결시킬 수 있는 아이템을 찾아낼 수 있다. 관심은 변화의 시작이다.

자신의 매장이 살아 숨 쉬는 생명체와 같다는 생각을 가져보자. 관점을 바꾸면 상황도 바뀐다.

황금색 포인트 컬러의
소품과 집기들.

최근 신사업사관학교 졸업생이 창업한 네일 숍을 다녀왔다. 화이트 컬러와 민트 컬러에 황금색의 포인트 컬러가 아주 인상적이었다. 작은 소품까지 황금색으로 구비되어 브랜드 아이덴티티가 잘 전달되었다.

"전에는 그런 생각을 단 한 번도 해본 적이 없었어요. 어떻게 매장을 살아있는 생명체처럼 생각할 수 있겠어요. '말도 안 돼!' 그랬죠. 그런데 고수익을 올리는 매장의 주인은 생각과 관점이 전혀 다르더라고요. 매장을 마치 자식처럼, 애인처럼 바라본다는 거예요. '미쳤구나!' 했죠. 하지만 시간이 지나면서 알겠더라고요. 관점을 뒤집었을 때 새로운 변화가 시작된다는 것을요."

박용후의 『관점을 디자인하라』에 등장하는 어느 매장 주인의 이야기다.

컬러는 인간의 마음을 움직인다. 고객뿐만 아니라 매장의 주인 역시 그 변화를 실감할 수 있다. 매장의 컬러만 바꾸어도 고객을 대하는 주인의 감정과 분위기, 태도가 바뀌기 시작한다. 인간은 환경에 반응하는 감정의 뇌를 가지고 있기 때문이다.

컬러에는 사람의 감정 감각에 반응하는 파동과 진동이 있다. 그것이 연쇄반응을 일으켜 심리상태의 변화를 일으키게 한다.

색채에 대한 관심과 기본적인 배경지식이 더해진다면 매장의 전략이 다르게 세워질 것이다. 작은 차이가 결국 큰 결과로 이어진다.

그것이 치밀한 계획과 전략에서 비롯된 결과물이라는 사실을 잊지 않았으면 좋겠다. 안 되는 이유를 찾기보다 되는 방법을 찾는 노력이 필요하다. 꼭 전문가가 될 필요는 없다. 매장의 세부적인 컬러와 분위기를 컨설팅해주는 전문가의 도움을 받는다면 더욱 구체적이고 치밀한 경험과 사례, 솔루션을 통해 개선할 수 있다.

우리 매장의 아이템과 연결되는 컬러는 무엇인지, 분위기는 어떤 감성이미지인지 다시 한 번 체크해 보자.

좋아하는(눈에 띄는) 컬러인가? 어울리는 컬러인가?

시각은 성실함을 먹고 자란다

용인시축구센터에서 '축구 꿈나무'를 키우고 있는 축구계의 대부 김호는 운동선수의 부모들에게 꼭 하고 싶은 말이 있다고 한다. "기다려라" 하는 말이다. 어느 분야에서건 부모들은 결과만 바라본다. 조급하고 예민하다. 하지만 모든 것은 인내와 훈련이라는 길고 긴 시간이 필요한 법이다. 과정이 없는 결과란 없다.

세상의 모든 것들이 열매를 맺으려면 합당한 대가가 필요하다. 이미지라는 감각을 자본으로 만드는 것도 마찬가지다.

보험 판매원들에게 고객의 수준에 맞는 복장을 갖추도록 교육을 하는 보험회사도 있고, 판매원의 외모 관리를 위해 스케일링 비용과 피부과 치료비를 부담해주는 백화점도 있다.

외모도 중요하지만 바깥으로 흘러나오는 내면의 파장 역시 소홀히 할 수 없다. 그래서 시각은 성실함을 먹고 자란다고 할 수 있다. 이런 사실을 간파한 회사의 경영자들은 사원들에게 독서를 권장하고 심지어 독후감까지 쓰게 한다. 시각적인 감각은 타고나는 것이 아니라 꾸준히 가꾸어야 하는 것이다.

『신뢰의 속도』(The Speed of Trust)를 쓴 스티븐 코비는 신뢰감이 높으면 업무 속도가 빨라지고 최소의 비용으로 효율적인 업무를 수행할 수 있다고 말한다. 신뢰감이 형성되면 막힘 없이 계약이 성사되고 진정한 동업자가 될 수 있기 때문이다. 그런데 주변의 한 강사는 특이하게도 꾸준한 운동이 이런 신뢰감 형성에 도움을 주며 무엇보다 심신훈련이 되고, 고객조차 그것을 감지한다고 말한다. 실제로 육체적인 관리 또한 시각적인 감각에 있어 꼭 필요한 부분이다. 건강하지 않은 사람은 건강한 사람보다 부정적인 생각을 할 확률이 높다. 그리고 자주 몸이 아픈 판매원이 고객 앞에서 환하게 미소 지을 수 있는 경우는 드물다.

대부분의 사람들은 기다림에 익숙하지 않다. 결과를 급하게 보려 한다. 하지만 결과보다 과정이 더욱 중요하다. 내면이 알차야 외면이 더욱 견고해지고 단단해지기 때문이다. 내면의 중요성은 성실함에서 비롯된다. 성실함은 노력과 내면의 수련을 통해 완성된다. 왜 이 시대의 거장들이라고 일컬어지는 사람들이 고행과 수행, 수련, 명상을 열심히 했는지 생각해보라.

우리의 내면은 '정원'과 같아서 항상 관리하고 잡초를 제거해주지 않으면 방향을 잃어버리곤 한다. 우리는 '인생과 마음의 정원사'다. 마음과 기분은 정기적이고 지속적인 관리와 훈련이 반드시 필요하다.

"그 매장 갔다가 괜히 불쾌해졌어. 주인과 직원의 표정이 냉랭한 게 음식을 시키기도 그렇더라고. 물컵 하나 주는 데도 기분이 묘하게 나빠지는 거 있지?"

작은 일에도 주인의 마음, 직원의 기분이 그대로 담겨진다.

이제는 소셜의 시대, 정보공유의 시대다. 고객들의 반응이 인터넷을 타고 실시간으로 전국으로, 전 세계로 퍼져나간다. 눈에 보이는 외부적인 시각효과가 전부라고 생각하면 절대로 안 된다. 성실함으로 다져진 내면의 친절함, 마음 안의 정원 관리가 더욱 시너지를 가져온다는 사실을 기억하기 바란다. 그렇다면 마음의 정원 안에 무엇을 청소하고, 채워 넣어야 하는 것일까? 우선 꾸준하고 성실한 시각적 관리(육체, 이미지)와 내면의 관리(독서, 사색)가 필요하다.

"매장 관리하기도 바빠 죽겠는데 책을 읽으라고? 시간이 어디 있어?" 하는 사람도 있다. 부산 부전마켓타운 O전복상회 사장님은 전국을 누비며 교육이라는 교육은 다 듣고, 바로 시각적인 마케팅으로 적용한다. 매장 집기를 계단식 수족관으로 교체하여 신선하게 물관리를 한다. 디자인과 컬러를 개선하고 포장을 할 때 전복 사이에 해초를 넣어 고객만족을 이끌어낸다. 전국 택배를 위해 전화번호도 쉽게 외울 수 있는 것으로 교체했다. 어찌 성공하지 않을 수 있겠는가? 매출은 상상을 초월하는 금액이다.

성공하는 기업, 매출을 극적으로 높인 매장의 주인들은 시각적 관리와 내면의 관리가 얼마나 중요한지, 어떻게 매출과 연관되는지 잘 알고 있다. 이 두 가지 요소가 결합되어 고객에게 전달되었을 때 본능적으로 고객은 주인의 매력에 빠지게 되는 것이다.

우리 주변에는 시간이 흐르면서 성실함과 신뢰, 진중함이 느껴지는 사람이 있는가 하면 화르르 불길이 일어났다가 훅 하고 사라지는 일회성 사람도 많다. 겉은 화려한데 시간이 지나고 보면 내면이 비어있는 사람, 내면에 깔린 열등의식을 보이지 않기 위해 자신을 더욱 화려하게 보이고 싶어 하는 사람이 많다. 사람들과의 관계는 뛰어나지만 차분함이 없어 어느 시기가 되면 관계를 지속하기 어렵게 되는 사람, 많은 인맥을 가지고 있지만 마지막에는 관계가 엉망이 되고 마는 경우도 많다.

흔히 외적인 모습만 보고 '착해 보인다' '지적으로 보인다'고 말한다. 그만큼 외적인 이미지가 내적인 이미지로 연결되어 보여진다는 것을 알 수 있다. 이미지는 외적 이미지, 내적 이미지, 사회적(관계) 이미지로 나눠진다. 하지만 이런 이미지들은 서로 연결되어 있다. 따라서 외적 이미지가 좋으면 선순환을 통해 상대에게 호감 가는 이미지로 인식되어 사회적 관계까지 좋아질 수 있다.

외면은 내면의 거울이다. 시각에서 느껴지는 고객의 감정 내면이 변화하기 시작하면 자연스럽게 얼굴의 표정, 행동에서도 나타난다. 고객 역시 그 느낌을 시각적으로 전달받게 된다. 보이는 것과 보이지 않는 것을 결합하는 훈련을 거듭하라. 결국 나의 내면이 매출로 이어지게 된다는 것을 잊지 말아야 한다.

호감 가는 시각적 이미지를 위해서 다음과 같이 해보자.

1. 운전을 할 때 얼굴 광대에 힘을 주고 위로 올린다는 기분으로 입을 다물고 '으흠' 소리를 내며 눈썹을 올린다. 부자와 성공한 사람의 공통점은 입꼬리가 올라가고 눈썹 주변 근육이 두터운 것이다. 이런 훈련을 통해 부자의 인상으로 바뀔 수 있다.

2. 문장이 끝날 때 '~이'를 인위적으로 붙인다. 단, 소리는 내지 말 것.

반갑습니다 고객님.(~이) 오늘 날씨가 너무 좋죠?(~이)

이렇게 이야기하는 습관은 입꼬리를 올라가게 함으로써 호감 가는, 함께하고픈 이미지로 바꿔준다.

현실적 프레임이 인생의 색깔을 바꾼다.

3장 / 뇌의 최대치 자극요소

[후각]

후각은 주고받는 호흡에서 시작된다

언젠가 한 선배가 처음 보는 사람과 한 방에서 잠을 자야 하거나 낯선 곳에서 첫날 밤을 보내기가 무척 힘들다는 이야기를 한 적이 있다. 낯선 방, 낯선 사람의 냄새 때문이라는 것이다. 그때는 '후각이 매우 예민한 사람이구나' 정도로 생각했지만 세월이 흐르고 나서 그 선배의 말을 이해하게 되었다.

황정민이 주연한 영화 『국제시장』은 1950년대 한국전쟁 이후에 태어나 1970년대 경제성장과 민주화를 동시에 갈망했던 베이비부머 세대에게 큰 인기를 끌었다. 영화를 본 사람들은 한결같이 "당시의 향수가 떠오른다"라고 말한다. 지난 2016년 tvN에서 방영된 드라마 『응답하라 1988』 역시 비슷한 시기를 살았던 사람들의 향수를 자극했다.

엄밀히 말하자면 '향수(鄕愁)'가 아니라 '추억'이 더 정확하지 않을까 싶다. 하지만 굳이 향수라는 표현을 쓰는 것은 어떤 상황에 대한 추억이 그 당시에 인식했던 냄새를 떠올리게 하기 때문일 것이다. 향수(鄕愁)가 향수(香水)가 되는 셈이다.

이처럼 '추억'을 자극하는 영화를 보면 그때의 배경이 떠오르고, 한동안 잊고 있었지만 머릿속에 존재하는 어떤 '냄새'가 떠오르는 경우가 많다. 편리함으로 무장한 디지털기기가 넘쳐나는 세상에 아날로그 감성이 그리워 다시 LP판을 찾으며 향수에 젖고, 초등학교 시절 문구점 앞에서 먹었던 쫀드기와 달고나 등의 간식이 그리워 다시 찾으며 옛 추억을 이야기한다.

이성을 유혹하는 기술 가운데 '차머'(charmer)란 것이 있다. 차머의 무기는 즐거움과 편안함이다. 그중 하나가 부모가 가진 향기로 자극을 하는 것이다. 어린 시절 부모가 주었던 편안함을 연상시키는 향수나 향기 등 머릿속에 각인된 기억을 끄집어내서 사람의 마음을 흔들어놓는다.

후각의 장점이자 단점은 다른 감각보다 빨리 느끼고, 빨리 마비된다는 점이다. 불쾌한 냄새가 나는 곳에 가면 처음에는 불쾌하지만 조금만 머물러 있으면 코는 마비되어 버린다. 문제는 좋은 향도 금세 느끼지 못하게 된다는 것이다.

후각은 호흡으로 이루어지고, 호흡은 들숨과 날숨으로 이뤄진다. 들숨과 날숨 중 어느 하나만으로는 호흡을 할 수 없고, 생명마저 잃게 된다.

고객의 감각을 파악하기 전에 먼저 나(매장)의 감각을 파악해야 한다. 나(매장)의 감각도 모르면서 어찌 고객의 감각을 알겠는가. 마치 호흡하는 들숨과 날숨처럼 나의 감각과 상대의 감각을 고루 아는 게 중요하다. 후각은 주고받는 과정에서 일어난다. 그래서 후각은 관계의 기초

옅은 향기를 쫓는 사람들.
진한 향기에 머무를 자격이 있는가?

가짜한테 흔들리는 당신!
결국, 당신도 가짜다.

가 된다.

사람을 기억하는 방법은 많지만, 향기는 가장 강력한 기억의 방식이다. 그래서 종종 사람들은 묻는다. "당신(매장)은 어떤 향기로 기억되고 싶은가?" 이 질문이 후각을 자본으로 바꾸는 기본이 된다.

세련된 디자인에 장식도 화려한 매장이 있다. 화려하고 눈은 즐거운데 인위적인 느낌이 강하다. 한두 번은 화려함 때문에 찾아갈 수 있어도 지속적으로 가기는 싫다. 반면에 화려하지 않아도, 특별난 맛이나 재주가 없어도 사람 향기가 나는 매장은 늘 찾는 사람이 많다. 향기마케팅의 본질은 바로 이것이다.

서울 용산에 허름한 간판에 가격마저 저렴한 국숫집이 하나 있다. 이 집은 맛도 맛이지만 주인 할머니의 사람 향기로 유명세를 탔다.

오래전 일이다. 허름한 복장의 남자가 국수를 주문했다. 배가 고팠던지 허겁지겁 국수를 먹는 모습을 본 할머니는 국수를 더 담아 주었다. 국수 그릇은 이내 비었고, 이제 남은 건 계산뿐이었다. 하지만 사실, 남자는 돈이 없었다. 이집 저집 다니면서 음식을 구걸했지만 돌아오는 건 냉대와 욕설뿐이었다. '될 대로 되라'는 마음으로 일단 국수를 시켜 먹은 것이다.

남자는 빈틈이 보이자마자 문밖으로 뛰쳐나갔다. 이를 본 할머니도 같이 뛰어나갔다. 그리고 남자의 뒤에 대고 소리를 쳤다.

"뛰지 말고 천천히 가~. 다쳐!"

국수를 먹고 기력을 차린 남자는 다시 일을 할 수 있었고, 어렵사리 모은 돈으로 해외에 나가 사업을 시작했다. 그리고 성공한 모습으로 다시 그 국숫집을 찾았다. 그 남자는 용산 국숫집과 할머니의 사람 향기를 평생 잊지 못할 것이다.

조선시대의 철학자 최한기의 『기측체의』에는 이런 글이 있다.

"냄새는 물기에서 나서 거짓이 없고 후각은 생기에서 나서 성실함이 있어, 억지로 힘쓰지 않아도 저절로 좋아하고 싫어함이 있기 마련이다."

후각은 주고받는 호흡에서 시작되기 때문에 어느 누구도 속일 수 없고 속지도 않는다. 그래서 후각을 자본화하려면 특히 소통이 중요하다.

후각을 어떻게 판매할 것인가

향기는 원래 귀족들의 사치품이었다. 반면에 아로마테라피는 고대로부터 민간요법으로 전해 내려왔다. 우리나라와 중국에서도 향을 약재로 사용했다. 특히 향기가 마음과 몸을 치료한다고 믿었던 이집트인들은 종교의식에 향을 많이 사용했다. 그리고 이제는 향기 치료가 피로를 풀어주는 효과가 있는 것으로 알려지면서 그 쓰임새가 넓어지고 향기에 연관된 상품이 속속 등장하고 있다.

19세기 산업혁명과 유기화학이 발전하면서 화장품이나 생활용품에 향기를 사용하기 시작하였으며, 향기마케팅은 일본에서 본격적으로 제품화가 되었다. 1949년, 일본의 한 비누 회사가 아주 작은 향료 캡슐을 종이에 바르거나 제품을 나타내는 향료를 잉크에 섞어서 신문을 인쇄하는 등의 마케팅을 시도했다.

BC카드는 국내 최초로 후각을 멤버십 카드에 연결시켰다. 즉 향수 타입의 천연 코팅으로 카드를 처리한 것이다. 또한 섬유탈취제로 유명한 페브리즈는 '스토리'를 잘 녹여낸 광고로 성공한 케이스다. 현대백화점은 지하식품부의 각 매장마다 독특한 향기로 분위기를 향상시켰고 고객의 향 심리를 자극해서 매출을 성장시켰다.

요즘은 일반 시장에서 제사 음식을 만들어 파는 곳이 많아졌다. 그중에서 특히 인기를 끄는 곳이 전(煎) 전문점. 동태전, 꼬치전, 동그랑땡 등은 술안주나 간식으로도 애용된다. 가게 앞을 지나가면 기름에 튀기는 소리와 노릇노릇 익는 모습에 군침이 돈다. 전은 손이 많이 가는 음식이다. 특히 기름이 튀어서 힘들다. 이를 막기 위해 기름솥 위에 대형 후드를 설치하고, 환풍기로 기름 냄새와 연기를 밖으로 빼낸다.

4년 전, '전 전문점' 컨설팅을 맡았다. 우선 자연 재질인 대나무로 만든 큰 채반 두 개를 판매대 한쪽에 올려놓고 전이 익으면 즉시 채반에 던지도록 했다. 노릇노릇 익은 전이 채반에 떨어지면서 냄새가 사방으로 풍기도록 한 것이다. 또 소포장을 밖에서 함으로써 고객이 모든 과정을 볼 수 있게 했다. 이렇게 시각과 후각을 함께 자극하였다.

3개월 후 재방문을 했다. 제사용 전의 매출은 비슷하지만 술안주로 사가는 사람이 늘었다고 했다. 바로 옆 슈퍼에서 술을 구입하고 지나가는 길에 구매를 한다는 설명이다.

후각을 자극해서 판매할 수 있는 제품이 화장품만 있는 건 아니다. 생각지도 못한 많은 제품이 후각적인 요소가 첨가되어 있다. 심지어 전자제품 매장에서 주로 사용하는 방향제가 따로 있을 정도다. 만약 이 냄새가 전자제품에서 난다면 어떨까? 노트북에서 집중력을 높여주는 향기가 난다면 제품에 대한 호감을 높일 수 있다. 이제 전자제품도 가볍고 빠르기가 아니라 향기라는 블루오션을 고민해보면 어떨까 싶다.

후각은 머릿속에 사전정보가 있어야 한다. 간단한 실험을 해보자. 눈을 가리고 바나나 향을 맡게 하면 쉽게 무슨 냄새인지 알 수 있다. 바나나를 알고 있기 때문이다. 하지만 바나나를 아예 모르는 사람은 무슨 냄새인지 알 수 없다. 단순히 '달콤한 냄새'라는 식의 지극히 주관적인 감각은 새로운 제품 판매에 사용할 수 없다.

도넛 여기 있다.

'던킨도너츠'는 커피와 도넛을 연결하기 위해 부단히 노력한다. 그중 하나가 후각의 활용이다. 재미있는 실험이 있었다. 시내버스에 승객이 타면 던킨 도넛 라디오 광고를 들려준다. 그리고 버스 한쪽에서는 커피 향기가 자동으로 분사된다. 잠시 후 버스에서 내리면, 진한 아메리카노 커피 사진이 포함된 던킨 도넛 광고가 보인다. 그리고 곧 던킨 도넛 매장이 나온다. 실험 결과는 예상대로였다. 방문객은 평소보다 16%가 늘어났고 커피 판매량은 29%가 늘어났다.

여기서 주목할 점은 청각과 시각에 후각을 첨가했다는 점이다. 우리는 매일 수많은 광고에 노출된다. 청각과 시각을 자극하는 광고는 의식하지 못할 정도로 넘친다. 여기에다 후각까지 더하면 매출은 늘어날 수밖에 없다.

침대나 소파의 예를 들어보자. '자연 속 편안함'을 촉감이나 시각만으로 표현하는 것은 한계가 있다. 이때 침대나 소파에서 천연 솔잎향이 난다면 자연 속에 있다는 느낌을 더욱 강하게 받을 수 있다.

오늘날의 고객은 알아서 '선택'을 한다. 과거처럼 물건이 몇 가지 없어서, 선택의 여지가 없는 경우는 거의 없다. 따라서 튀지 않으면 매출을 발생시키기 어렵다.

세계적인 향수 브랜드 '조 말론'의 창업자인 조 말론은 특별한 후각으로 암을 진단한다. 개의 뛰어난 후각 능력으로 암을 진단하는 영국 자선단체 '메디컬 디텍션 독'(Medical Detection Dogs) 센터의 테스트도 받았다. 이를 통해 말론은 자신에게 신체의 미묘한 화학적 냄새 변화를 감지할 수 있는 능력이 있다는 사실을 발견했다.

그녀는 영국의 한 일간지와의 인터뷰에서 "나는 테스트를 통과했고, 나의 재능을 완전히 다른 방식으로 사용할 수 있게 됐다. 나는 색깔에서 향기를 맡고 사물을 향기로 표현할 수도 있다. 또 언제 그 향이 완성됐는지도 알 수 있다"라고 말했다.

테스트는 다섯 개의 미네랄 오일 병 가운데 극소량의 아밀아세테이트가 섞인 병을 찾아내는 것이었다. 센터에 따르면 보통 사람은 1,000방울에 섞인 한 방울도 알아챌 수 없는데 그녀는 10만 방울에 섞인 한 방울까지 탐지해 낼 수 있었다고 한다.

말론은 1983년 영국에서 처음 개업한 향수 가게를 2003년에 발병한 유방암 때문에 매각하는 아픔을 겪었다. 그러나 그런 고통스러운 경험이 후각을 통한 암 진단이라는 새로운 영역을 개척하도록 만들었고, '조 말론' 향수의 스토리텔링이 되었다.

향기마케팅을 가장 재미있게 활용한 브랜드는 피자헛이다. 언젠가 피자헛의 한 팬이 SNS에 '피자 향이 나는 향수가 있었으면 좋겠다'는 글을 올린 것을 계기로 정말 피자 향이 나는 향수를 만든 것이다. 실제 매장에서 맡을 수 있는 피자도우와 치즈, 샐러드 등의 냄새를 담아 향수를 만든 다음 페이스북을 통해 고객들에게 선물을 했다. 또 향수병과 향수가 뿌려지는 곳에 피자를 배치하는 등 흥미 있는 광고를 만들어냈다. 그 후 이를 이용하여 여러 가지 기발한 이벤트로 마케팅을 진행했다.

또 다른 향기마케팅 사례도 있다. 매출이 줄어 고민이던 서울의 한 재래식 정육점 주인은 튀김집 앞을 지나가다가 맛있는 냄새에 취하게 되었다. 그래서 자신도 모르게 가게로 들어가서 튀김을 사서 한입 베어 먹었다. 그 순간 정육점 주인의 얼굴에 미소가 감돌았다. 그 후 그는 매주 금요일 저녁 퇴근시간에 맞춰 자신의 정육점 앞에서 양념갈비를 구워 소비자들의 후각을 자극하기 시작했다. 그러자 소비자들은 정육점 안으로 들어와서 고기를 맛보았고 양념갈비를 구입해 갔다. 후각 마케팅에 성공한 이 정육점은 2개월 만에 45%의 매출 성장을 나타냈다.

향기에 상상력을 불어넣어라

철학자 루소는 "후각이란 상상의 세계에 영향을 주는 감각이다"라고 말했다.

사람들은 보는 것, 먹는 것에 대한 애착이 강하다. 하지만 사람에겐 만 개가량의 후각 능력이 있다는 것도 간과해서는 안 된다. 한 연구에 의하면 후각적인 쾌락이 없으면 스트레스로 인해 우울증을 앓을 수도 있다고 한다. 독일 드레스덴대학교의 한 연구팀이 일반 성인들을 대상으로 실험을 한 결과 후각 기능에 문제가 생기면 소통능력이 저하되었다. 동물들만이 아니라 사람 또한 후각으로 소통을 한다는 얘기다.

> "향은 자연 상태에 있는, 사람의 손을 거치지 않은 재료입니다. 그 향에다 상상력과 영감을 불어 넣은 창조물이 향수입니다. 향이 단어라면 향수는 문학입니다."

프랑스의 명품 브랜드 '에르메스'의 수석 조향사이자 『나는 향수로 글을 쓴다』의 작가이기도 한 장 클로드 엘레나의 이야기다. 엘레나는 향과 향수를 확실히 구분해야 한다고 주장한다. 기억 속에 있는 향과 상상 속의 향을 실제로 존재하는 향과 잘 혼합하는 것이 그의 조향법이다. 또한 인공 향료는 상상력을 발휘하여 어떤 향이든 만들어낼 수 있으나 자연 향료로는 다른 향을 만들어 낼 수 없다고 강조한다.

워싱턴 주립대의 한 마케팅 교수는 빵 굽는 냄새와 진한 커피 향은 사람의 마음을 온화하게 하고 다른 사람들에게 개방적이고 따뜻한 태도를 갖게 한다고 발표했다. 이처럼 향기는 제품과 브랜드의 이미지에 큰 영향을 끼친다. 열대의 코코넛 향기는 이국의 풍경을 상상하게 하고 어디론가 떠나고 싶은 마음이 생기게 한다. 또 상류계층이 주로 방문하는 백화점의 샤넬 향기는 점포의 이미지를 고급스럽게 하며 구매욕을 자극한다.

하지만 향기마케팅은 곧바로 그 효과가 나타나지 않는다. 다른 이벤트는 투자 효과를 즉시 확인할 수 있지만 향기마케팅은 고객이 향기에 자연스럽게 친화될 수 있는 어느 정도의 기간이 필요하다. 그래서 인내심을 가지고 느긋한 마음으로 임해야 한다.

한국에 잠깐 머물기도 했던 엘레나는 "서울에 사는 사람들은 잘 느낄 수 없겠지만 '굉장히 깨끗한 마늘 향'이 느껴진다. 서울과 매우 잘 어울린다"라고 했다. 그의 말처럼 사실상 향기는 어떤 사람이나 사물, 어떤 공간에서 자연스럽게 뿜어져 나오는 것이다. 어쩌면 가장 근원적인 깊은 곳에서 올라오는 것이라고 할 수 있다. 사람의 체취는 그 어떤 것으로도 대신할 수 없고 속일 수 없다. 각 기업의 제품도 마찬가지로 저마다의 이미지가 있다. 무엇보다 중요한 것은 바로 그 이미지들을 먼저 탄탄하게 함으로써 브랜드의 기저에 깔고 있어야 한다는 것이다.

조향사들의 말에 따르면, 습도와 향은 떨어질 수 없는 관계이다. 비가 오면 흙과 돌 냄새에 대한 후각이 매우 예민하게 반응한다. 이처럼 습기가 없으면 향이 제대로 발휘될 수 없듯이 아무리 좋은 향기가 있어도 제품의 브랜드 이미지가 낮으면 기품 있고 고귀한 상상력은 물 건너간 것이 되고 말 것이다. 즉, 향기마케팅에서는 반드시 기업과 상품의 브랜드라는 습기가 필요하다.

사람에게 체취가 있듯이 매장에도 그 매장만의 체취가 있다. "그 사람에게서 좋은 향기가 난다" 또는 "그 매장에서 기분 좋은 향기가 난다"라는 생각을 가져본 적이 있을 것이다. 품격은 내면의 향기에서 비롯된다. 자신의 매장에 어떤 향기를 줄 것인가 고민해보라. 향기를 그저 향으로 생각하지 말고 '따스한, 고급스러운, 친절한, 달콤한, 어머니와 같은, 이웃집 같은' 시적인 단어들이 자동 연상되도록 만들어보는 것이다. 향기와 시가 만나면 새로운 시너지가 발생한다.

작년에 컨설팅을 맡았던 경주 청년몰의 에밀레라는 향 전문 숍은 개인 퍼스널 향을 찾아주고 직접 만들어보는 체험공간이었다. 두 자매 사장님들은 퓨전 한복을 입고 있었고, 벽면에도 똑같은 퓨전 한복을 입은 마릴린 먼로의 이미지를 부착해 아주 인상적이었다. 자매는 경주 지역미술협회에서 주관한 '숲'이라는 주제의 전시회 때 숲의 향기를 전시공간에 부여하는 작업을 했었다.

에밀레 스토리텔링.

향기는 스토리와 함께 만들어진다. 어떻게 의미 부여를 하느냐에 따라 새로운 창조물이 되는 것이다.

불황 속에서도 성공하는 꽃집이 있다. 그 차이는 무엇일까? '생각의 역발상과 이종결합'이다. 사람들이 쉽게 간과하는 부분을 새로운 관점과 방법으로 변화를 모색하여 성공을 이룬 것이다. 기본에다 살을 입히고 변형을 주면서 새로운 전략을 찾아냈다는 말이다.

최근 시내 한복판에 희한한 자판기가 설치되었다. 칸칸이 드라이플라워가 담긴 즉석 플라워 자판기다. 매장이 필요 없을 뿐 아니라 드라이플라워이기 때문에 오랜 기간 보존할 수 있다. 말린꽃이라고 꽃의 향기를 맡지 못하라는 법은 없다. 향기는 상상을 통해 체감된다. 꽃은 이미 '꽃이라는 이름만으로 향기로운 존재로 사람들의 상상 속에 자리 잡고 있다.

이처럼 관점을 전환하고 의미부여를 하면서 이종결합을 이루어내면 변화는 시작된다. 기존의 꽃집에 캘리그라피, 컬러 염색, 드라이플라워, SNS마케팅, 강좌, 매장을 홍보하기 위한 책 출간 등의 이종결합을 통해 새로운 자극과 상상력을 자극하는 매장들이 살아남는다.

후각에 의미를 부여하는 작업이 변화의 시작이다. 매장에 의미를 부여하고 시와 문학을 입히는 순간 보통의 살아있는 생물체, 스토리가 담긴 새로운 매장이 된다. 고객의 마음과 감성을 자극하고 감동을 주는 공간이 되는 것이다. 작은 관점과 생각의 차이가 매출과 직결된다. 후각을 자극하면서 의미를 연결하여 상상력을 자극하는 마케팅이 바로 후각과 상상력이 결합된 마케팅이다.

냄새도 말을 한다. 특별하고 독특한 냄새가 되려면 사람들의 감성을 울리는 시와 문학, 역발상이라는 레시피를 가미해야 한다. 바닷가에 굴러다니는 작은 돌멩이 위에 시를 적어 넣으면 보통의 돌멩이가 아닌 세상에 단 하나밖에 없는 특별한 작품이 된다.

기업과 제품을 연결시키는 향기마케팅은 처음부터 정확한 방향을 설정해야 한다. 콘셉트와 방향 없이는 고유한 향기를 만들 수 없다. 머천다이징 컨설팅을 하면서 이와 같은 경우를 많이 봐왔다. 자신이 추구하고자 하는 정확한 방향이 설정된 매장은 불황을 이겨내고 매출을 올리고 있다. 자신에게 맞는 환경, 상황, 고객을 분석하고 그에 맞는 감성 마케팅으로 성공을 거두고 있다.

아무리 작은 매장이라도 사업자의 감성과 철학이 담겨 있어야 한다. 철학을 어렵게 생각하지 말자. 철학은 매장 주인이 추구하고자 하는 가치관과 방향, 고객을 대하는 마음이라고 생각하면 된다. 튀김 하나 떡볶이 하나를 팔더라도 감성과 철학이 담겨 있으면 고객의 마음을 사로잡을 수 있다. 상상력을 자극하는 향기가 나오기 때문이다. 향기는 고객을 생각하는 마음에서 나온다. 그 마음이 상상력이 되고, 감성을 울리는 시와 문학이 되어 흐르는 것이다.

욕망을 자극하는 향기

1997년 11월의 어느 날, 세계적인 록밴드 인엑세스(INXS)의 리드싱어 마이클 허친스(Michael Huschence)가 가죽 벨트로 목을 맨 채 호텔 방에서 발견되었다. 원인은 우울증. 큰 성공을 거두고 걱정이 없을 것 같던 그를 우울증으로 끌고 간 것은 무엇인지 논란이 되었다. 그 후 그의 죽음에 결정적인 계기가 되었던 사건 하나가 부각되었다. 1992년 교통사고로 인해 냄새와 맛을 잃어버렸던 것이다. 마이클은 사실 감각적인 쾌락주의자요, 자칭 퇴폐주의자였다. 말 그대로 호색한이자 식도락가였다.

그는 이렇게 고백했다.

"더 이상 여자친구의 냄새를 느끼지 못하겠어!"

그는 연인의 체취, 음식의 맛을 느낄 수 없게 되면서 자연의 향취와 추억, 그리움도 잃어버렸다. 삶의 소소한 즐거움을 빼앗겨버린 그는 걷잡을 수 없는 우울증에 조금씩 젖어들었고, 스스로 자멸했다.

후각은 여타 감각에 비해 별로 대우를 받지 못하지만 사실 우리의 마음에 매우 큰 영향을 준다. 고대 이집트 시대부터 인류는 타인의 시선을 끌기 위해 냄새를 사용했다. 이누이트 족은 코를 부비는 것으로 인사를 나누고, 뉴기니의 한 부족은 헤어질 때 상대의 겨드랑이에 손을 집어넣고 쓰다듬는다. 인도에서 '키스'는 냄새를 뜻하는 말이다.

호르헤 루이스 보르헤스는 "나는 세상 어디에 있든 유칼리 냄새만 맡으면 잃어버린 아드로게 지역을 떠올릴 수 있다. 오늘날 그곳은 오로지 내 기억 속에만 존재한다"라고 말했다. 블라디미르 나보코프도 "심금을 울리는 데는 모습이나 소리보다 냄새가 제격이다"라고 했다. 아리스토텔레스, 나보코프, 보르헤스 등 수많은 철학자와 시인들이 냄새가 추억을 떠올리게 한다고 얘기했다. 또한 후각은 안전과 직결된다. 흔히 사람들은 직감적인 어떤 느낌이 들 때 "뭔가 냄새가 난다"라고 표현한다. 산모와 신생아를 연결해주는 것도 체취다.

이렇듯 냄새는 사람과 사람 사이, 세상과 소통하는 창구라고도 할 수 있다. 하지만 냄새는 거의 주관적이다. 개인적인 경험과 상황에 따라 달라진다. 그래서 나는 좋아하지만 다른 사람은 싫어하는 냄새도 있다. 내가 좋아하는 청국장 냄새를 아이들은 싫어한다. 또 미국인이 좋아하는 '민트 향이 나는 노루발 풀'을 영국인은 극도로 혐오한다. 제2차 세계대전 당시 영국에서 이 향이 진통제 연고로 사용되었기 때문이라고 한다. 반면에 미국에서는 사탕이나 껌에 넣어서 달콤한 상상을 불러일으킨다.

향기는 인간의 두뇌에 매우 빨리 입력되어서 심장 박동수와 혈압을 낮추고 근육을 이완시킨다. 또한 심호흡을 하게 만들어 고통을 덜 느끼게 해준다는 연구 결과도 있다.

향기마케팅의 목적은 브랜드 고유의 이미지를 계속해서 연상하도록 하는 것이다. 후각적인 감각은 다른 감각과 달리 상상과 연상 등을 통해 인간 깊숙이 내재되어 있는 본능을 자극한다. 이 때문에 단시간에 호감을 끌어내기도 하지만 불쾌감 또한 재빠르게 느껴질 수 있다.

미국의 한 연구에 따르면 사람들이 가장 싫어하는 냄새는 생선비린내였다.

일식집의 음식 재료는 생선이다. 따라서 자칫하면 점포의 이미지에 치명적인 타격을 줄 수도 있다. 서울 강남의 유명한 일식집들은 생선회에 대한 이미지를 향상시키고 고객의 불쾌감을 없애기 위해 레몬이나 오렌지 등 천연 과일향으로 마케팅을 한다. 대형 식품기업도 식욕을 돋우기 위해 레몬향이나 시트러스향, 자몽향 등을 사용한다.

커피&케이크 전문점인 '라, 토르타'는 주 고객이 흡연자다. 따라서 곳곳에 담배냄새가 배어 분위기가 탁하고, 비가 오면 습기 때문에 눅눅한 냄새가 난다. 이를 순화시키기 위해 레몬향을 사용하고 있는데 고객들의 반응이 매우 좋다고 한다.

향기에는 사람을 끌어당기는 힘이 있다. 튀김 가게의 황색 불빛과 노란 튀김들, 지글지글 소리[청각]를 내며 익어가는 튀김의 향기[후각]에 사람들은 무의식적으로 발길을 멈춘다.

사람들은 기분 좋은 욕망을 자극하는 향기가 나는 곳으로 모이게 되어 있다. 이것 역시 추억과 감성, 배고픔을 연결하여 자본으로 만드는 전략이다. 늘 사람으로 붐비는 그곳은 단지 음식을 파는 곳이 아니라 어린 시절 추억과 향수를 자극하고 감성을 끌어내는 곳이다. 모락모락 김이 올라오는 만두와 떡볶이, 순대는 삶에 찌든 직장인들에게 행복한 맛과 향수, 치유[힐링]의 공간[시간]을 제공해준다.

나도 시간이 있으면 분식집에 들르곤 한다. 그곳에 가면 왠지 스무 살 시절, 남편과 연애하면서 먹었던 매콤한 떡볶이와 꼬들꼬들한 라면이 자연스레 생각난다.

기분 좋은 향기는 '마음'을 움직인다. 향기는 바로 이런 마법의 힘을 지니고 있다. 사람들의 마음속에 기분 좋은 욕망, 행복한 추억을 끌어내어 연상하도록 이끌어준다.

우리 VMD컨설팅사무실 주변에 한 식당이 있다. 저녁 6시가 되면 어김없이 기분 좋은 향기가 난다. 삼겹살 굽는 냄새, 어머니가 끓여주시던 고향집 된장찌개와 청국장 냄새가 솔솔 피어난다. 비가 오는 날 가게 한가득 모인 사람들이 추억에 젖은 채 삼겹살에다 소주 한 잔을 곁들이는 모습을 보면 '그래도 인생은 참 살아볼 만하다'라는 생각이 든다.

인간은 아름다운 영화처럼, 드라마처럼 살고 싶다는 마음을 가지고 있다. 하지만 현실의 벽 앞에서 이러지도 저러지도 못한다. 그 마음의 상처와 상실감을 안아주고 치유해주는 공간이 당신의 매장 혹은 가게라고 생각해보라. 맛있는 음식, 기분 좋은 향기가 나는 음식을 먹으며 행복하게 치유를 받는 가게는 4계절 내내 사람들로 북적인다.

"아주머니, 이곳은 어쩜 4계절 내내 사람들이 끊이질 않아요?"
"특별한 비법이 있는 게 분명한데, 저한테 살짝 알려주시면 안 되나요?"

VMD컨설팅에 막 입문했을 때 나는 '장사가 잘 되는 비법'이 정말 궁금했다. 장사가 잘 되는 집을 찾아 전국을 돌아다니며 장사가 잘 되는 이유를 묻고 또 물었다.

"에이~비법은 무슨…. 손님들에게 막 퍼주니까 좋아하는 거지."
"우리 아들처럼, 딸처럼, 식구처럼 생각하며 막 퍼줘 나는…. 나는 그래!"
"장사는 머리로도 하지만 마음으로도 하지! 난 손님을 우리 식구라고 생각하며 요리해! 그래서 이왕이면 더 건강하고 맛있게, 배고픈 손님처럼 보이면 좀 더 많이, 막 퍼줘."

머리로 하는 장사가 아니라 마음으로 하는 장사라…. 장사는 분명 머리와 기술이 필요하다. 하지만 그것만으로는 그 집만의 특별한 향기가 나지 않는다.

"이곳 정말 맛도 좋고, 인심도 좋아! 묘하게 기분 좋은 향기가 난다니까!"

잘 되는 집은 반드시 잘 되는 이유가 있다. 인간 안에는 여러 욕망이 자리하고 있다. 그 가운데 가장 기분 좋은 욕망을 끌어내는 것이 바로 '기분 좋은 인심(人心, 인간의 마음)'이다. 그것은 '치유'이자 '선물'이다. 사람들은 생각지도 않은 선물을 받으면 어떻게든 보답하려는 마음이 생긴다. 욕망을 머리와 기술로만 접근하는 우를 범하지 마라. 인간미가 빠진 매장은 어느 순간 '향기'를 잃고 사라진다.

분명 머리와 기술은 필요하다. 하지만 인간의 욕망을 사로잡는 것은 바로 '기분 좋은 향기가 나는 인심(人心)'이다.

향기 마케팅, 공간을 탐하다

'샤넬 넘버5'로 유명한 가브리엘 샤넬(Gabrielle Chanel)은 "향기는 보이지 않는 힘을 가지고 있다"고 했다. 이를 간파한 ㈜바이오미스트테크놀로지 최영신 대표는 1995년 국내 최초로 '향기마케팅'(Aroma Marketing)이라는 신조어를 탄생시키며 새 바람을 불러일으켰다. 그리고 야생 국화꽃에서 원료를 추출한 천연 살충제로 살충제 시장의 새로운 길을 개척했다.

세계적인 조향사 크리스토프 로다미엘은 "향을 만드는 것은 음악을 작곡하는 것과 같은 일"이라고 설파했다.

> "작곡가가 느낌과 영감을 곡으로 표현하는 것처럼 조향사도 향기 노트 위에 향을 작곡한다. 공간 안에서 일어나고 있는 여러 가지 행위들, 그곳을 방문하는 사람들을 모두 고려해 공간 향수를 만든다. 특히 어떤 브랜드를 위한 공간 향수를 만들 때는 그곳의 역사와 미래의 모습을 떠올리며 향을 제조한다. 마케팅 담당자 혹은 브랜드 대표와의 소통을 통해 분위기와 느낌을 접하게 된다. 그리고 향을 맡았을 때 한 브랜드의 이미지를 딱 떠올릴 수 있는 '향'을 만들기 위해 노력한다."

일상 – 책냄새가 좋다.

각자의 경험이 다르듯 향기에 대한 취향도 각기 다르다.

"나는 이 향기가 제일 좋아!"라는 말 속에는
그 사람의 성격과 인생관, 가치관, 세계관 등
모든 것이 들어 있다고 할 수 있다.

생명이 있는 것은 다 향기를 가지고 있다. 사람의 향기는 그 사람의 영혼이다. 들꽃과 화분에 심어져 있는 식물, 도로변의 가로수, 하늘을 향해 서 있는 빌딩 그리고 공기와 물에도 향기가 있다. 그리고 어느 공간이든 공간 본래의 냄새가 있다. 말하자면 그곳을 주로 찾는 사람들의 냄새, 파장이다. 이를 잘 컨트롤하여 공간만의 향기를 연출해야 감성을 건드릴 수 있다.

최근 향기마케팅은 전시, 호텔, 쇼핑몰, 병원, 고급 오피스 등 프리미엄 공간에까지 확장되고 있다. 디자이너 헨릭 빕스코브(Henrik Vibskov)는 민트 향이 가득한 전시 공간을 만들었다. 풍선처럼 부풀려진 민트색 구조물을 가득 설치함으로써 세계 최초의 후각, 미각을 활용한 패션쇼를 개최해서 큰 호응을 얻었다.

센트온 이윤주 과장은 "최근 프리미엄 공간의 가치를 높이는 동시에 공간을 방문하는 고객의 만족도를 높이려는 업계의 요구가 늘어나고 있다. 향기마케팅은 다양한 프리미엄 공간에서 더욱 각광받는 마케팅 툴로 활용될 것"이라고 말했다.

각자의 경험이 다르듯 향기에 대한 취향도 각기 다르다. "나는 이 향기가 제일 좋아!"라는 말 속에는 그 사람의 성격과 인생관, 가치관, 세계관 등 모든 것이 들어 있다고 할 수 있다.

세상 그 누구도 한 가지 향만 가진 사람은 없다. 한 사람 속에 여러 가지의 인격이 내재되어 있는 것처럼 사람의 향기도 그만큼 다양하다. 그래서 사람들은 또 다른 자신을 갖고 싶어서 자신만의 향수를 선택하는지도 모를 일이다.

사람이든 제품이든 '나만의 향'을 갖는 것이 중요하듯이 공간 또한 '그곳에서만 맡을 수 있는 향기'가 매우 중요하다. 이를 잘 활용해야 자본을 끌어들일 수 있다.

'그곳에서만 맡을 수 있는 향기'란 무엇일까? 지금 이 시대는 감성을 자극하는 스토리가 빠진 상품은 더 이상 매력을 느끼지 못한다. 고객의 호기심을 자극하고 주목과 관심을 받기 위해 스토리는 필수요소다. 스토리는 사람의 생각과 감정 안에 들어와 연쇄반응을 일으킨다. 똑같은 공간이라도 스토리를 담아낼 수 있다면 자연스럽게 주인의 향을 느끼게 할 수 있다.

'냄새나 공간에도 스토리가 있을까?'

공간과 향기, 스토리가 결합되면 그곳만의 독특한 향기를 만들어 낸다. 샤넬이나 스타벅스는 후각을 자극하고 그 안에 스토리를 입혀 성공한 사례다. 향기와 공간이 특별한 의미를 가진 스토리로 변하면 자연스럽게 입소문이 퍼져나갈 것이다. '어머니의 냄새' 하면 자동으로 생각나는 상품이 있고, '향수' 하면 바로 이미지가 떠오르는 상품이 있다. 공간도 마찬가지다. 남들이 모두 하는 밋밋한 공간이 아니라 나만의 향기가 나는 특별한 공간이 고객을 부른다.

변화의 속도는 더욱 빨라지고 있다. 그럴수록 사람들은 인간적인 감성을 그리워한다. 최근 불고 있는 인문학 열풍도 이와 무관하지 않다. '인간적인 향기가 나는 공간'이라면 사람들은 더욱 열광한다. 최고의 매

카페 – 눈으로 보이는 향기를….

출을 올리고 있는 제품 혹은 매장은 이를 정확히 간파하고 자신의 매장이나 제품에 '휴머니즘과 기억, 추억'을 담아낸다. 차가운 벽을 허물고, 그 안에 인공호수(폭포)와 정원을 만들어 넣는다. 그리고 아날로그 감성을 자극하는 캘리그래피와 손그림을 인테리어 작품으로 제작해 넣는다. 지금 이 시대의 사람들이 무엇에 목말라 있는지 여실히 보여주는 사례다.

빈센트 반 고흐의 작품에서는 반 고흐만의 특별한 향기가 배어나온다. 작품도 물론 뛰어나지만, 그의 영혼이 담긴 극적인 스토리가 있었기에 반세기를 넘어서도 전 세계 사람들에게 사랑을 받고 있는 것이다.

이야기에는 엄청난 힘이 있다. 시간이 갈수록 사람들은 감성을 자극하는 스토리에 목말라 할 것이다. 향기라는 것은 후각적인 냄새이기도 하지만 감성을 깨우는 스토리이기도 하다. 공간을 어떻게 하면 세련되게 꾸밀까를 생각하기 이전에 '자신의 태생적인 감성'이 어떠한지 탐색하는 시간을 많이 가져야 한다.

매력적인 공간은 이렇게 완성된다. 주인과 공간이 온전히 한몸이 되었을 때 특별한 향기가 나는 공간이 된다. 인위적인 향기는 오래가지 못한다. 온전히 자신의 것이 아니기 때문이다. 온전히 자신의 감성이 담긴, 향기가 가득 밴 공간이 되었을 때 고객들은 세상에서 단 하나밖에 없는 유일무이한 특별하고 매력적인 매장[공간]과 만나게 된다.

4장 / 흥(興)이 있어야 지갑을 연다

[청각]

장사하는 사람에게 경청은 치명적 매력

"듣는 것은 하나의 기술이다. 북적대는 방에서 누군가와 이야기를 할 경우 나는 그 방에 우리 둘만 있는 것처럼 그를 대한다. 다른 것은 모두 무시하고 그 사람만 쳐다본다. 고릴라가 들어와도 나는 신경 쓰지 않을 것이다."

세계적인 뷰티 회사의 창업주, 고(故) 메리케이 애시 회장의 말이다. 그녀의 성공 비결은 여러 가지가 있겠지만, 경청은 특히 중요한 성공의 바탕이었다.

오랫동안 VMD 일을 하다 보니 나만의 감(感)이 발달했다. 매장을 한 바퀴만 돌면 무엇을 바꿔야 할지 알 수 있다. 이때 중요한 건 무작정 바꾸려 하면 상인들이 나를 점령군처럼 생각하고 거부감이나 저항감이 생길 수 있다는 점이다. 따라서 처음에는 질문을 통해 대화를 시도한다.

22년 전, 디자인아카데미에서 디스플레이 강사를 하던 시절 신문광고를 보고 매장 디스플레이 의뢰가 들어왔다. 백화점에서도 명품 매장이 드물 때였는데, 이탈리아에서 직접 수입 판매하는 N멀티숍이었다. 그런데 막상 매장을 방문하니 여자 사장님이 나를 조금 꺼리는 눈빛이었다. 그래서 진심 어린 대화를 나누고 일에 집중했다. 그리고 매장의 변화를 직접 느낀 여자 사장님도 점점 친밀하게 대해 주었다. 그렇게 시작된 인연이 지금까지 이어지고 있다. 점포를 몇 개 더 오픈할 때도 늘 함께해 드렸다. 그렇게 우리는 가족같이 함께 성장해왔다.

여자 사장님은 늘 "노 교수는 버릴 게 하나도 없어. 덕분에 이렇게 좋은 시절을 보낼 수 있었지"라고 말씀하신다.

일단 대화가 시작되면 있는 이야기 없는 이야기 다 끄집어낸다. 나머지는 들어주기만 하면 된다. "들어줄 귀가 있다면 장광설은 용인된다"란 말이 있다. VMD 일을 할 때 매번 느끼는 거지만, 들어주는 것만으로도 사람의 마음을 녹일 수 있다.

경청을 위해서는 '말'이 있어야 한다. 우리는 하루에도 수백 번 말을 한다. 조금 더 정확히 이야기하면 조음기관을 통해 진동을 표출하면 귀 안에 있는 달팽이관이 진동을 잡아낸다. 잡아낸 진동은 뇌에서 특정 이미지로 형상화한다. 이것을 상대와 주고받는 것이 바로 '대화'다.

대화를 할 때 진동을 받아들이고 이 진동을 이미지로 형상하는 감각을 청각이라 부른다. 청각이 발달된 사람은 '고저' 진동을 잘 잡아내는 사람이라고 볼 수 있다.

말은 눈에 보이지 않는다. 하지만 눈에 보이지도 않는 이 말 때문에 우리는 기뻐하기도 하고 슬퍼하기도 하고 분노하기도 한다. 또한 의도치 않게 말이 와전되어 심각한 오해를 받을 수도 있다. 이처럼 진동과 청각

속에서 우리는 웃고 운다.

청각이라는 감각을 자본으로 바꾸는 첫 번째 길은 상대방의 말을 잘 듣는 일이다.

어느 동네든 특별한 맛집이 아닌데 장사가 잘 되는 곳이 있다. 이 집들에는 간단한 공통점이 있다. 사장님이 고객과 밀착을 잘 한다는 것이다. 친밀해진 만큼 고객은 편하게 그곳을 다시 찾는다.

중국 천하를 통일한 진시황이 죽은 뒤 중원은 다시 혼란에 빠졌다. 최종적으로 초나라 귀족 출신의 항우와 백수건달이었던 유방이 패권 다툼을 벌였다. 항우는 힘이 장사였고 전투를 벌이기만 하면 백전백승이었다. 반면 유방은 가냘픈 체구에 힘도 항우와 비교할 수조차 없었다. 하지만 결국 승리는 유방의 차지였다. 그 이유는 무엇일까.

항우는 전투에서 '승리한 후' 신하들에게 "어떠냐?" 하고 물었고 유방은 '전투를 하기 전'에 신하들에게 "어떻게 하지?" 하고 의견을 구했다고 한다.

세일즈에 성공하는 고수들은 경청의 중요성을 잘 알고 있다. 하지만 막상 고객과 이야기를 나누다 보면 시선, 몸짓 등으로 본심을 드러낼 때가 있다. 자신도 모르게 실적을 위한 태도를 나타낼 때, 고객은 입을 다문다. 사실 고객의 말은 대개 명료하지 않다. 결정을 못하고 갈팡질팡 혼란스럽기 때문이다. 그걸 답답하게 보면, 그 마음이 그대로 드러난다.

경청을 하려면 무엇보다 고객의 상황, 처지를 진심으로 공감하고 이해해야 한다. 중요한 것은 공감하되 고객의 기분에 영향을 받지 않아야 한다.

고객의 한숨 소리를 듣다가 자신도 모르게 기분이 우울해질 때가 있다. 장사하는 사람은 밝은 마음으로 경청할 수 있도록 항상 준비가 되어 있어야 한다. 고객 응대는 본래 에너지 소모가 많다. 따라서 자신의 에너지를 잘 조절해서 고객을 만나야 한다.

쉽고 간단한 경청의 기술은 "아! 그랬구나~" 하고 고객의 말을 되풀이하는 것이다. 일종의 '공감의 대화법'이다.

고객과 이야기를 나눌 때는 눈을 바라보아야 한다. 그리고 끝까지 마음으로 말을 듣고 답을 해주어야 한다. 고객이 평소 이용에 아무런 문제를 느끼지 못한 상황에서는 일반적으로 10% 정도의 재방문율을 보이지만, 불만사항을 말하러 온 고객을 진지하게 대응했을 경우, 고객의 65%가 다시 이용하러 온다는 존 굿맨(John Goodman)의 법칙이 있다. 불만이 있는 고객은 판매자가 잘 들어주기만 해도 마음이 풀어진다는 연구 결과다. 이처럼 경청은 고객의 마음을 무한정 열 수 있는 치명적인 힘이다.

앞에서도 설명했지만, 고객의 감각을 자극하는 첫 번째 기본기는 나의 감각을 기르는 일이다. 마찬가지로 고객의 청각을 자극하는 것도 나의 청각을 정비하는 일에서 시작된다.

누군가의 이야기를 잘 들어주는 태도야말로 최고의 청각 감각이다.

당신의 목소리에 연봉이 달라진다

심리 스릴러 영화 『해빙』을 연출한 이수연 감독은 주연 김대명을 발탁한 이유를 그의 목소리 때문이었다고 말한다.

"묘하게 신경을 긁는 목소리가 키 포인트였다. 여러 작품 속의 김대명 씨를 보며 '아, 정말 이 요물 같은 배우와 꼭 한번 작업을 해보고 싶다'라고 생각했다"며 친절함과 섬뜩함을 오가는 '성근' 역에 김대명을 캐스팅하게 된 배경을 설명했다. 즉, 배우 김대명은 그의 목소리 덕분에 영화의 주연을 따낸 것이다.

배우는 천의 얼굴을 가진 사람이다. 인기 있는 배우들은 외모도 멋지고 연기도 잘하지만 목소리도 매력적이다. 라온제나 스피치의 임유정 원장은 여성지 『BAZAAR』에서 남자 배우들의 목소리를 분석했다.

이병헌은 다른 배우들보다 한 톤 낮은 중저음의 목소리가 매력이다. 톤을 낮게 하려면 복식호흡을 통해 깊이 숨을 채웠다 뱉으면서 소리를 내야 한다. 그만큼 말할 때 깊은 내공을 갖고 있어야만 가능하다. 또 동그란 모양의 목소리로, 자신감이 있고 상대방을 배려한다.

목소리에는 크게 두 가지가 있다. 타고난 목소리와 울림을 가진 공명 목소리다. 타고난 목소리는 개성이 있고, 공명이 많은 목소리는 편안함과 신뢰감을 준다. 배우 김남길은 타고난 목소리도 좋고 공명도 좋다. 그래서 그의 목소리에는 유쾌하고 밝은 성격과 신뢰감이 드러난다. 진심이 묻어나는 애절한 목소리부터 무게 있는 사극 연기까지 완벽하게 소화하는 그는 다큐멘터리 『아마존의 눈물』의 내레이션으로 시청자들의 마음을 사로잡았다.

이처럼 목소리는 사람의 마음을 훔치는 강력한 자본이 될 수 있다.

즐겨 보는 다큐 프로그램에서 여성들은 어떤 남성의 목소리에 끌리는지 실험을 해봤다.

러브스토리가 담긴 구절을 네 명의 남성에게 읽게 한 다음 여성들에게 들려주고, 그중 가장 끌리는 목소리를 선택하게 했다. 그랬더니 여성 참가자 전원이 한 사람의 목소리에 호감을 느꼈다고 밝혔다. 중저음에 안정감을 주는 목소리였다.

시장이나 대형마트에서는 세일을 알리는 소리가 여기저기서 들려온다. 그중 유독 끌리는 목소리가 있다. 물건에 손이 한 번 더 가고 구매확률도 높아진다.

이와 비슷한 사례가 또 있다. 2013년 미국 듀크대 연구팀이 목소리와 최고경영자의 성공 관계를 분석한 연구다. 미국 792개 기업 CEO의 연설과 기업의 경영 실적의 관계를 분석했다. 792개 기업 CEO의 평균 나이는 56세, 평균 연봉은 370만 달러, 평균 재직기간은 5년, 평균적인 목소리 주파수는 125.5Hz였다.

주파수가 평균보다 낮은 경영자일수록 연봉이 18만 7,000달러가 높고, 재직기간 역시 약 5개월이 길었다. 즉 중저음의 목소리를 가진 CEO는 목소리가 높은 CEO에 비해 상대적으로 높은 연봉을 받고 재직기간도 길었다. 청각을 자극하는 목소리가 연봉을 결정하는 셈이다.

목소리는 타고나는 부분이 크다. 중저음의 목소리를 타고났다면 그것은 행운이다. 하지만 중저음이나 아나운서 같은 목소리가 아니라고 좌절할 필요는 없다. 훈련으로 어느 정도 바뀔 수 있기 때문이다. 중요한 건 자신감이다.

자신감은 좋은 목소리의 원천이다. 중저음 톤에 아나운서 같은 목소리를 갖고 있어도 자신감이 없으면 호감을 느끼지 못한다. 청각을 자극하는 목소리에 자신감을 불어넣자. 자신감 있는 목소리는 고객에게 호감을 심어준다.

타지방에서 오전 강의가 있을 경우, 상대적으로 목소리가 가라앉은 상태다. 화장하고 강의 준비하고 허겁지겁 차를 몰고 출발한다. 차 안은 목소리를 풀 수 있는 최고의 장소다. 노래를 따라 부르거나 혀를 입안에서 빙빙 돌리는 등 스피치 기법을 통해 목을 푼다.

호감 가는 좋은 목소리를 내기 위해서는 복식호흡이 도움이 된다. 오른손을 가슴에 대고 왼손을 배에 올린 다음 가슴은 움직이지 않도록 한 상태에서 코로 숨을 들이마신다. 배가 볼록하게 나오도록 들이마신

뒤 '쓰' 하는 소리를 내며 배가 등에 붙는다는 기분으로 균일하게 천천히 입으로 내뱉는다. 이런 훈련을 지속적으로 하면 호흡이 길어져 목소리가 좋아진다. 그리고 입술을 '푸르르르' 하고 털어내는 훈련과 똑딱똑딱 소리를 내보는 것도 도움이 된다.

'음' 하는 소리를 우선 내고 문장 단락을 읽은 다음 다시 '음' 하는 소리를 내고 다시 단락을 읽는 것을 반복하는 것도 안정되고 호감 가는 목소리에 도움이 된다.

그럼 어느덧 자신감이 차오른다. 자신감이 넘쳐서 목소리에 활력이 있는 것인지, 목소리가 활기차서 자신감이 충만한 것인지는 알 수 없다. 목소리에 자신감이 있으니 청중들의 눈도 빛난다. 당연한 얘기지만, '자신감 있는 목소리'가 크고 우렁찬 목소리를 뜻하는 것은 아니다.

소상공인 강의에는 정말 다양한 매장 대표들이 오신다. 판매하는 물품의 특성에 따라 큰 소리가 필요할 때가 있고 기품이 있으면서도 차분한 목소리가 필요할 때도 있다. 상대(고객)의 목소리에 상호적으로 맞추어 반응을 하면 된다.

지음(知音)이라는 말이 있다. 소리를 알아듣는 친구 즉 마음이 통하는 친구를 뜻한다. 지음 가운데 백아절현(伯牙絕絃)이 유명하다. 춘추전국시대 거문고 명인이었던 백아가 친구 종자기(鍾子期)가 죽은 뒤 거문고 줄을 끊었다는 일화에서 유래했다.

서울 용산구의 한 골목에는 '웃어라, 세상이 너와 함께 웃을 것이다'라는 문구가 새겨져 있다. '열정도(島)'라 이름 붙은 이 길에는 웃음소리가 끊이지 않는다. 3년 전 텅 빈 인쇄소 골목에 청년 장사꾼들이 생명력을 불어넣었던 것이다. 인쇄소 골목을 재탄생시킨 김윤규 대표는 본래 임대료가 저렴한 경복궁 금천교시장에서 조리법이 단순한 맥주와 감자를 팔았다.

수십 년간 장사해 온 주변 상인들을 맛으로는 당해낼 수 없었던 그는 웃음과 에너지를 팔았다. '감자 살래, 나랑 살래' '잘생겨서 죄송합니다' 등이 적힌 티셔츠를 입고 우렁찬 목소리로 손님들을 모았다. 그러자 사람과 돈이 모였고 '열정'과 '성실함'이라는 노하우를 배웠다.

그 후 철학과 노하우를 함께하는 청년들이 모여 '청년 장사꾼'이라는 회사를 만들었다. 조금 더 넓은 공간을 얻어 6개의 가게를 함께 열었고, 그곳이 곧 열정도가 되었다.

큰 성공을 거둔 열정도는 평균 월매출이 3,000여만 원이 되었고 이제는 주변 가게들도 '열정도' 스티커를 가게 문에 붙이고 홍보할 정도가 되었다.

오후 4시쯤 열정도의 밤이 시작된다. 모두들 치킨집에 모여 구호를 외친다.

지쳐 있지(선창)/

말고(후창)/

힘들어하지/

말고/

열정 넘치게/

힘내세요.

그리고 스마트폰으로 '출근 인증샷'을 남긴 다음 일터로 흩어진다. 오후 6시가 되면 손님들이 몰리기 시작하고, 홀 담당 직원은 "안녕하세요, 열정도!"라고 외치고 다 함께 "고깃집"을 외친다. 주문한 고기를 철판에 올릴 때도 "삼겹살 나왔습니다! 맛있게 드세요"라며 식당 안이 쩌렁쩌렁 울리도록 우렁차게 외친다.

장사 경력 3년째인 김수진(27·여) 씨의 말이다.

"장사는 무엇보다 몸이 힘들다. 우리가 외치는 구호는 일종의 주문이다. 우리가 신나야 일이 재밌고 그래야 손님들도 행복감을 느끼기 때문이다."

백화점 VMD에서 소상공인 VMD를 시작하면서 서민경제 바로미터를 매일 본다. 최근 들어 누구 하나 '잘 된다'는 소리 듣기가 참으로 힘들다. 불황이라면 희망이라도 갖고 살 텐데 불황을 넘어 '빙하기'라고 답답해하는 사람이 많다. 그 답답함을 목소리에서 들을 수 있다. 많은 소상공인이 자신감까지 죽은 것 같아 안타깝다.

강의를 나갈 때마다 목소리를 한 번 더 점검하고 훈련하는 이유 중 하나가 바로 자신감 있는 목소리를 들려주고 싶어서다. 내 목소리가 작은 불꽃이 되어 다시 한 번 희망을 주었으면 하는 바람이다.

내 안에 '너' 있다!

허리에 양손을 올리고 크게 외쳐보자.

"나는 '원더우먼'이다! 나는 '슈퍼맨'이다!

자신감이 올라가는 목소리가 내 귀에 먼저 들릴 것이다.

천 냥 빚을 갚거나 비수를 꽂거나

청각의 핵심은 듣는 사람의 해석이다. 그래서 상대의 배려가 필수다. 청각을 자본으로 바꾸기 위해선 온전히 상대를 이해하는 게 중요하다.

우리는 때때로 자신도 모르게 언어폭력을 휘두를 때가 있다. 그런데 그 대상이 '감정노동자'로 불리는 텔레마케터라면, 피해가 심각하다. 무심결에 던진 한마디가 크나큰 상처가 되는 것이다. 한 조사에 의하면 '야! 너!' 같은 반말을 경험한 응답자는 59.3%, '말 자르기, 내 말은 무시하고 자기 말만 하기'를 경험한 사람은 58.2%, '우격다짐, 막무가내 우기기'를 당한 경험은 55.8%, '욕설 및 폭언' 경험 역시 55.8%, '음담패설 및 성희롱'을 당한 경험도 16.4%나 되었다.

우리나라에는 예로부터 말의 중요성, 표현의 중요성을 잘 나타낸 속담이 많다. "말 한 마디로 천 냥 빚을 갚는다"도 그중 하나다. 명심보감에는 '구시상인부 언시할설도'(口是傷人斧 言是割舌刀)라는 말도 있다. "잘못된 입놀림은 사람을 상처 내는 도끼와 같고, 잘못된 말은 결국 내 혀를 베는 칼과 같다"라는 말이다.

김붕년 서울대병원 교수는 언어폭력을 주의해야 한다며 중학교 시절 받은 언어폭력이 성인기의 뇌량에 변화를 준다고 밝혔다. 중학교 시절 욕을 많이 들을수록 어른이 되어서 우울증을 비롯한 정신건강에 치명적일 수 있다는 것이다.

고등학생 29명을 대상으로 언어폭력을 하는 그룹과 당하는 그룹의 뇌를 MRI(자기공명영상)로 분석했는데, 언어폭력을 당하는 그룹은 해마의 크기가 작았고 뇌회로의 발달이 늦었다. 언어폭력을 가하는 그룹 또한 당하는 그룹과 마찬가지였다. 김 교수는 "거친 언어를 쓴다는 것은 자기 자신의 뇌에 상처를 준다는 말이다. 피해자든 가해자든 모두 뇌 입장에서 보면 피해자다. 학생들이 자기의 감정을 적절하게 언어로 표현하지 못하기 때문에 뇌 발달이 잘 안 된다는 것을 뜻한다"라고 말했다.

사람은 누구나 칭찬을 들으면 보상중추에 도파민이 늘고 벌을 받으면 스트레스 호르몬이 분비된다. 사물도 마찬가지다. 실제로 양파나 식물에 부정적인 말을 계속했더니 빨리 썩어버렸다.

에모토 마사루의 『물은 답을 알고 있다』라는 책은 생명의 원천, 삶에서 가장 필요한 물에 대한 놀라운 메시지를 담았다. 칭찬을 담은 긍정언어를 들려준 물은 결정체가 생겼지만 타박하고 부정적인 메시지를 전달한 물컵의 물은 그 결정체가 다 파괴되어 있었다. 이처럼 말은 그 사람의 마음을 나타내며 어떤 마음으로 인생을 사느냐가 몸 안의 물을 바꾸고, 그것은 몸으로 나타난다.

매장에서 판매원의 말은 정말 중요하다. 고객의 지갑을 여는 말이 있고 고객을 내쫓는 말이 있다. 판매원들이 가장 우선 고려해야 할 사항은 고객이 오래 머물수 있도록 편안하게 이야기해야 한다는 것이다. 고객에게 천천히 다가가고, 말을 많이 하지 말아야 하며 쉬운 언어로 말하고, 부담을 주지 말아야 한다. 1분에 1억 원의 매출을 올리는 쇼핑호스트 정윤정은 자신의 판매 비결을 진심을 담아 쉽게 말하는 것이라고 했다.

"진심으로, 그리고 쉽게 이야기하는 것, 그게 제일 중요해요. '와, 너무 예뻐요!' '맞아요, 이거 완전 갖고 싶어요, 언니!' 이렇게 말하는 게 통한다니까요. 그게 인간의 본능이에요. 음식점 추천할 때 맛이 이렇고 저렇고 말하나요? 그냥 끝내줘. 완전 죽여. 미쳐. 이렇게 말하지 않나요?"

『인생은 말대로 된다』, 『기적의 입버릇』을 집필한 일본의 뇌연구가(대뇌생리학, 자율신경계)이자 베스트셀러 작가인 사토 도미오 교수는 말이 인간의 입을 통해 전달되는 동시에 상대의 뇌와 자신의 뇌(잠재의식)에도 전달된다는 사실을 실험과 사례, 연구를 통해 밝혀냈다. 이 때문에 상대에게 비수를 꽂는 독설을 뿜는 순간, 자신도 그와 똑같은 칼을 그대로 맞는다는 것이다.

무심히 던지는 주인의 사소한 말 한 마디도 매장을 찾아온 고객은 직감적으로 느끼고 반응한다는 것을 명심해야 한다. 말에는 사람들을 불러들이는 말과 사람들을 내보내는 말이 있다. 형식적인 말과 진심이 담긴 말은 고객이 본능적으로 먼저 알아챈다. '이 사람은 상품을 팔려고 입에 발린 소리만 하고 있구나!' '이 주인은 진심으로 뭔가 도움을 주려 하고 있어!' 고객은 귀뿐만 아니라 온몸으로 말을 듣기 때문이다. 진심이 담기지 않으면 진한 감동은 불가능하다.

나는 VMD 컨설팅을 하면서 매장의 사장님들에게 평소 무심코 내뱉는 말도 신중하게 하라고 수시로 이야기한다. 그리고 하루 동안 자신이 무의식적으로 하는 말들을 주의 깊게 관찰하는 습관을 가져보라고 말한다. 세밀한 관찰을 통해 매출 부진의 원인을 찾을 수 있다.

"알고는 있지만 쉽지는 않아요!"

"따스한 말 한 마디 건네는 것보다 가격이 싸야지."

고객은 어떻게 생각할까?

진심이 담긴 말 한 마디에 사람들은 깊은 감동을 받고 '진심고객'이 된다.

한국 사회는 말과 칭찬에 인색하다. 누군가를 칭찬하면 "아부하고 있네"라며 비꼰다. 토론이나 모임에서도 누군가를 칭찬하고 격려하는 분위기보다는 단점을 찾아 깎아내려야 제대로 된 토론이라는 생각을 갖고 있는 듯하다. 뒤에서 말하는 '호박씨' 문화의 문제점이 크다. 말은 상대도 듣고 있지만 동시에 자신도 듣고 있다는 것을 기억해야 한다. 사람들이 간과하는 사소한 말 한마디의 중요성을 깨달아야 한다.

누군가를 향해 손가락질을 하면, 하나의 손가락은 상대를 향하지만 나머지 세 손가락은 자신을 향하게 된다. 칭찬도 뒷담화도 모두 세 배로 돌아온다는 것을 잊지 말자. 웃으며 칭찬을 하면 웃는 얼굴이 내 것이 될 것이고, 찡그리며 부정적인 이야기를 하면 그 찡그린 얼굴이 결국 내 것이 된다.

리듬이라는 감각을 파는 방법

많은 사람이 참여하는 커뮤니티 채팅방에 재미있는 사진이 하나 올라왔다. 제목은 '어느 솔로 아르바이트의 소심한 복수'였다.

카페에서 일하는 아르바이트생이 매장 음악 목록을 온통 이별노래로 바꿔 놓았단다. 사실이라면 사장 입장에선 화가 날 일이다. 만약 이별노래를 들은 커플이 헤어지기라도 한다면 참 난감할 일이다.

물론 이별노래를 몇 시간 들었다고 해서 잘 만나던 커플이 깨질 가능성은 크지 않다. 하지만 부정적인 가사 내용이나 우울함을 담아낸 운율을 생각하면 분명 좋은 영향은 아니다.

"사는 대로 노래하고, 노래하는 대로 산다"라는 말이 있다. 지금 매장에서 어떤 음악이나 소리를 들려주고 있는지 신중할 필요가 있다. 노래가사나 리듬처럼 신명나게 매출이 오르거나 반대로 줄어들 수 있기 때문이다.

한국 전통리듬으로 공연예술계에 획을 그은 작품이 있다. 『난타』다. 1997년 PMC 프로덕션의 송승환 대표가 만든 『난타』는 우리나라뿐 아니라 세계적인 타악기 공연의 하나로, 글로컬 비주얼 문화콘텐츠의 대표적인 사례로 꼽힌다. 한국 전통가락인 사물놀이 리듬을 바탕으로 주방에서 일어나는 일들을 재미있게 그린 『난타』는 대사가 전혀 없는 한국형 뮤지컬 퍼포먼스다.

주방용품인 칼·도마·냄비·프라이팬·접시 등의 재료들을 두드려서 내는 파워풀한 리듬과 소리, 액션이 색다른 볼거리를 제공한다. 또한 관객을 직접 무대에 오르게 하는 등 참여도도 높다. 관객은 배우와 함께 리듬을 만들어내기도 하고, 전통혼례의 신랑신부가 되기도 한다. 즉 관객이 스스로 흥을 돋우며 극에 참여하고 공감한다. 『난타』만의 개성이자 즐거움이다.

해외에서 『쿠킨(COOKIN)』이라는 제목으로 공연되고 있는 난타는 첫 해외 진출 무대인 에딘버러 프린지 페스티벌에서 최고의 평점을 받았다. 당시 국내에 알려지기 시작한 실험연극계의 신조류인 '비언어적 공연'(non-verbal performance)을 차용한 난타는 오프브로드웨이에서 장기 흥행에 성공한 스톰프(Stomp)와 튜브(Tubes) 등을 벤치마킹했고, 한국의 고유 리듬인 사물놀이를 피아노, 재즈 등 현대적 공연 양식에 접목했다. 한국만의 리듬을 자본화한 것이다.

지난 평창동계올림픽의 총감독을 맡았던 그는, 살기 위해 이것저것 '동시다발'로 했던 모든 일들이 유연함을 가지게 해줬다고 말한다.

우리 선조들은 힘들고 고달팠던 삶마저 예술로 승화시켰다. 대표적인 것이 판소리라 할 수 있다. 판소리의 가장 큰 특징은 자연의 리듬이다.

24절기, 4계절 등 자연에서 리듬을 가져왔다. 중국 음악은 음양의 2박자로 구성됐지만 우리 판소리는 천지인(天地人) 3박자로 이뤄졌다. 춤도 태껸도 모두 3박자다.

서양 성악은 추상적이고 관념적이지만 우리 판소리는 사실적이고 자연적이다. 판소리는 음악보다 문학이 우선이기 때문이다. 사설(辭說)은 오장육부를 울리고도 남는다. 그래서 판소리를 하면 온몸의 뼈와 근육이 긴장해서 아침에 일어나면 전신이 붓기도 한다. 그만큼 영혼을 담아서 소리와 리듬을 탄다.

청각은 리듬을 잡아낸다. 청각이 잘 잡아내는 리듬이나 가사를 생각해 보자. 그 안에는 내가 담겨 있다. 그래서 사람을 알아가는 방법 중 하나가 그 사람이 좋아하는 노래를 알아가는 일이라고 한다. 고객도 마찬가지다. 고객이 원하는 리듬을 매장에서 들려주면 매출은 올라가게 마련이다.

판매를 할 때의 진짜 승부는 고객이 갈등을 할 때다. 고객이 눈앞에 있으면 말로 설득할 수 있지만, 홈쇼핑의 경우 직접적인 설명에는 한계가 있다. 이때 필요한 게 음악을 통한 '심리 자극'이다. 2015년의 경우 홈쇼핑에서 사용하는 심리자극 노래 1위로 씨스타의 'Shake it'이 선정되었고 김태우의 'high, high' 역시 인기가 높았다.

지금 막 내가 홍보한 제품을 앞에 두고 고객이 결정을 망설이고 있을 경우 이런 노래를 들려주면 어떨까? 고객은 스스로의 이성적인 판단에 의해 지갑을 열었다고 생각하겠지만, 그 바탕에는 바로 이런 음악이 깔려 있다.

백화점이나 대형매장에 가면 매장에서 흐르는 음악을 차분히 들어보고 왜 그 노래를 들려주는지 생각해보자.

매장에 고객이 적을 때는 익숙한 리듬의 음악을 들려준다. 가급적 매장 체류 시간을 높이기 위해서다. 반면에 고객이 많고 바쁜 시간대에는 빠른 음악으로 회전율을 높인다. 백화점이나 대형매장뿐 아니라 중소형 매장에서도 많이 쓰는 방법이다. 또 매장 층별로 주 이용고객의 연령대에 맞춘 음악을 들려주기도 한다. 대체로 지금 시즌보다 반 시즌 앞선 음악을 들려준다. 늦봄이면 여름노래로 계절의 변화를 알리고 신상품의 구매를 유도하는 것이다.

생활용품은 느린 음악으로 체류시간을 길게 하는 것이 매출을 높여주고, 의류나 액세서리 등은 '살까? 다음에 살까?' 하는 고민을 빠르게 결정하도록 빠른 음악으로 구매욕구를 자극하는 것이 매출에 긍정적인 요인이 된다.

매장의 음악은 직원들에게도 영향을 미친다. 문을 여느라 바쁜 오전 10시에는 경쾌한 음악으로, 나른한 점심시간 직후에는 자연의 소리가 담긴 음악으로, 오후 4시에는 초심으로 돌아가라는 뜻으로 개점 때 들려준 음악을 다시 들려준다.

모든 매장에 적용되는 방식은 아니지만 대체로 유사한 패턴을 보여준다.

스타벅스는 스타벅스의 차별화된 청각 마케팅을 위해 음원사이트를 인수해서 신청곡을 받기도 하고 매장 콘셉트와 어울리는 음악을 선별해서 들려준다.

리듬과 매출의 관계는 '그럴 것이다' 하는 통념이 아니라 실험을 통해 확인되었다. 1986년 『소비자 연구』가 매장에서 들려주는 노래와 고객의 걸음 속도를 살핀 실험이다.

우선 같은 매장에서 73bpm(1분당 1비트)의 느린 음악과 93bpm의 빠른 음악을 들려주었다. 그랬더니 느린 음악이 나올 때는 127초였던 걸음이 빠른 음악이 나올 때는 108초로 빨라졌다. 매출 역시 달라졌다. 느린 음악이 나올 때의 평균 판매액은 16.740달러, 빠른 음악이 나올 때는 12.112달러였다.

이처럼 청각이라는 감각 역시 분명한 자본이다.

백화점이나 대형매장은 소비자 마음을 철저히 분석하고 데이터화해서 관리한다. 작은 매장에서도 고객을 설득할 때 백화점이나 대형매장에서 사용하는 방식을 적용해보면 어떨까? 사소한 차이로 승부가 일어나는 비즈니스 세계에서 분명 큰 차이를 만들어낼 수 있다.

흥(興)이라는 감각을 키워보자

우리는 예로부터 흥이 많은 민족이었다. 선비들은 그림을 그리며 흥을 돋우었고, 평민들은 노동요를 부르며 춤을 추었다. 신분이 높은 양반들은 화가나 소리꾼들을 통해 흥에 대한 욕구를 채웠다. 그래서 한(恨) 민족이 아니라 흥의 민족이다. 기쁠 때나 슬플 때나 노래를 불렀다. 우리 민족의 밑바닥에는 흥의 유전자가 숨어있다.

청각을 자본으로 바꿀 때 필요한 건 청각이 주는 무수한 감정 중 '흥'을 받아들이는 태도다. 판매하는 사람이 흥이 없으면 고객에게도 흥을 줄 수 없다. '어떤 음악을 몇 시에 들려주는' 매뉴얼보다 중요한 건 자신의 흥을 최대로 끌어올린 다음 그것을 고객에게 나누어주는 것이다. 그런 사람만이 청각을 자본으로 바꿀 수 있다.

누구나 한번쯤 해본 경험이 있다. 버스를 타고 가다 라디오에서 흘러나오는 노래를 듣다가 깜빡 내려야 할 정거장을 놓치는 경험 말이다. 혹은 일부러 노래를 다 듣기 위해 두세 정거장을 지나치는 경우도 있다. 아쉽게도 휴대용 뮤직 플레이어들이 등장하면서 이런 추억도 이제는 다

옛날 일이 되었다.

지금은 손가락 몇 번만 터치하면 듣고 싶은 노래를 마음껏 들을 수 있다. 분명 편리해졌지만 아쉬운 점도 분명히 있다. 라디오에서 흘러나오는 음악은 내가 선택할 수 없는 것이므로 다양한 장르의 음악을 들을 수 있었다. 반면 지금은 내가 좋아하는 노래만 듣는다. '다양성'의 측면에서 보면 아쉬울 수밖에 없다.

매장을 찾는 고객들은 모두 자기가 좋아하는 노래가 있다. 따라서 매장 주인이 다양한 음악을 알지 못하면 고객에게 제공해줄 청각 감각은 매우 협소해지고, 원하는 노래를 듣지 못하는 고객도 생기게 된다. 청각에 있어서 다양성을 고민해봐야 한다.

어린 시절 어머니는 메리야스(내의) 공장을 운영했다. 그리고 대구 서문시장 안에 점포가 있었다. 자연스레 시장은 나의 호기심의 공간이 되었다. 매일매일 같으면서도 다른 시장 안의 치열함은 어린 시절에도 많은 생각을 하게 했다. 백화점 VMD에서 소상공인 VMD로 올 수 있었던 원동력도 어린 시절 추억의 영향이 있지 않을까?

시장 안에 똑같이 매장을 두고 있지만 매일 볼 수 있는 상인도 있고 순회하듯 종종 오는 상인도 있었다. 그렇게 띄엄띄엄 오던 상인 가운데 트럭을 타고 다니며 카세트테이프를 판매하던 사람이 지금도 기억에 남아있다. CD가 아직 나오기 전이라 카세트테이프의 인기가 높았는데, 그는 트럭에 달린 스피커를 통해 큰 소리로 음악을 틀어주곤 했다.

스피커에서 신나는 음악이 흘러나오고, 사장으로 보이는 사람은 음악에 맞춰 춤을 추었다. 표정과 움직임이 예사롭지 않아 보였다. 그것을 보는 사람들도 즐거워했다. 점잖아 보이는 할아버지도, 댄서처럼 화려하지는 않지만 리듬에 몸을 맡긴 채 무아지경인 그를 허허 웃으며 지켜보았다. 트럭 주변에는 순식간에 사람들이 몰려들었다. 춤추던 사장이 손으로 테이프 한 개에 천 원이라는 신호를 보내자 너도나도 하나씩 테이프를 사들었다. 그와 비슷한 다른 사람도 있었다. 각종 채를 썰 수 있는 조리기구를 들고 와서 직접 다양한 채소로 시범을 보이며 빠른 랩처럼 재미있게 흥을 돋우던 그 사람 앞에도 늘 사람들이 북적거렸다.

성악가 조용갑은 공장에서 일하던 시절 우연히 들은 음악을 통해 성악가의 꿈을 키웠고, 동네 분식점을 경영하면서 모든 대화를 성악으로 했다고 한다.

"떡볶이 드릴까요~?" "어서 오세요~."

이렇듯 온 동네가 시끌시끌할 정도로 쩌렁쩌렁 울리는 그의 목소리에 "1억 원을 줄 테니 제발 이 동네를 떠나라" 하는 사람(후원자)이 나타난 덕분에 그는 유학길에 올랐다. 그야말로 흥이 자본이 된 재미있는 경우다.

각 나라마다 고유의 음악적 특성이 있다. 우리나라는 '한(恨), 흥(興)'

이라는 특성이 있다. 역사상 오랫동안 가난했고 외세의 침략이 많아서인지 한이 많았다. 지금은 기부를 받던 나라에서 기부를 하는 나라로 변신한 최초의 사례가 되었다.

어린 시절부터 우리나라 '남자'들은 남자라는 틀에 갇힌 채 흥을 발휘하지 못하며 살아왔다. 어쩌다 끼를 발휘하려고 하면 '끼가 많다'며 수군거린다. 평소에 자신의 흥을 표현하고 그런 상대의 흥을 긍정적으로 받아주는 게 사는 재미가 아닐까?

우리 동네 과일가게에 가면 트로트 음악이 큰 소리로 흘러나온다. 이 청년 사장은 언제나 큰 소리로 친절하게 대응한다. 계산을 하면서도 흥얼흥얼 노래를 따라 부른다. 덩달아 나까지 흥이 나는 것을 느낀다.

'흥'을 얘기하자면 추임새를 빼놓을 수 없다. 추임새는 '실제보다 높여서 칭찬하다, 위로 끌어 올리다' 등을 뜻하는 '추어주다'에서 나온 말로, 판소리에서 고수나 청중이 흥을 돋우기 위해 사용하는 조흥사(助興詞)나 감탄사를 말한다. 주로 "얼쑤" "좋다" "얼씨구" "잘한다" "그러지" 등으로 표현한다. 요즘은 힙합에서도 추임새를 사용한다고 한다.

우리는 추임새가 참 부족한 시대를 살아가고 있다. 부모가 자녀에게, 부부가 서로에게, 이웃이 이웃에게, 친구가 친구에게 추어주는 추임새가 필요하다. 하지만 이런 추임새 자체를 민망하게 여기는 분위기다. 가정에서 직장에서 사회에서 "좋다" "잘한다" "그렇지" "그럼 그렇고 말고" 등의 말을 얼마나 듣고 얼마나 자주 하는지 생각해볼 일이다.

예술작품에 대한 감상은 보통 일방적이고 개인적이다. 하지만 판소리는 창자와 청자 사이의 교감과 분위기가 중요한 일종의 '열린 예술'이다. 청중들이 개인의 느낌을 추임새를 통해 밖으로 표출하고, 이것은 소리판 전체에 영향을 준다. 추임새는 교감을 나타내는 주요 표현이다. 극단적으로 얘기하자면, 마케팅적인 면에서 소리판은 '시장'이라고 봐도 무방하다. 창자는 흥을 내어 소리를 파는 것이고 관객은 상품을 구매하는 것이나 마찬가지기 때문이다.

추임새는 어디에 넣어야 한다고 정해져 있는 것은 아니지만, 그렇다고 아무 때나 남발하면 안 된다. 소리하는 사람이 흐름을 잘 탈 수 있도록, 판소리의 내용이나 소리판 현장의 분위기에 맞춰 선택적으로 사용하는 것이 중요하다. 소리가 슬플 때는 추임새도 슬픈 어조로, 즐거운 대목에서는 신나고 흥겨운 어조로 넣어야 한다. 어떤 어조로 어떻게 표현하느냐에 따라 효과가 달라진다. 기업이나 판매자가 흥이라는 감각을 어떻게 효과적으로 자본화할 수 있는지 눈치를 채야 하는 중요한 부분이다.

주역에 '동성상응(同聲相應)이요 동기상구(同氣相求)니라' 하는 말이 있다. "같은 소리를 가진 사람이 서로 만나면 크게 반응하고, 같은 기운을 가진 사람은 서로 만나게 된다"라는 뜻이다. 세상에는 여러 가지 소리들이 있다. 상대가 탁구공을 던지면 탁구공으로 받아야 하는데, 모른 척 배구공으로 받는 경우도 있고 상대가 농구공을 던지는데 골프공으로 받는 경우도 발생한다. 상대가 나에게 어떤 공을 던지느냐를 보고 거기에 맞게 호응하고 받아주는 것이 소통의 기본이며 자연스러운 커뮤니케이션이다.

이를 잘 조율하는 사람이 청각을, 흥을 자본으로 바꿀 수 있다. 사람마다 서로 다른 느낌의 소리를 가지고 있지만 각자 가지고 있는 소리를 밖으로 잘 내보내고 다른 사람이 가진 소리를 잘 분별하여 받아들일 줄 알아야 한다. 어쩌면 서로가 추임새를 통해 오늘을 살아가는(버티는) 것이 아닐까 싶다.

5장 / 살아있음을 증명하는 수단

[촉각]

접촉위안, 태어날 때부터 우리는 좋아했다

'피부'는 '드러난 뇌'라고 불린다. 이를 통해 받아들인 자극이 '촉감'이다. 촉감은 두 사람 또는 두 개의 사물이 존재하지 않으면 생길 수 없는 감각이다. 현재 이곳에 있는 나의 몸으로 무언가를 느끼고 그것으로 정서적인 커뮤니케이션을 만들어내는 것이다. 예를 들어 악수를 하면 서로의 감촉과 온기가 손에 전달되고, 그 순간 감각이 변화되고 마음에까지 영향을 준다.

피부는 신체를 외부의 이물질로부터 보호해주고 체온을 유지한다. 인체 최대의 감각기관으로 면적은 약 1.6~1.8㎡이다. 접촉이나 압력, 온·냉감, 통증 등을 느끼게 하는 감각수용체들이 있어 매끄러움, 부드러움, 따뜻함 등을 느낄 수 있다. 그래서 촉감은 제품의 질을 결정하는 핵심적인 요인이 된다.

촉각에 대한 민감도는 성별, 연령, 부위 등에 따라 다르다. 여자가 남자보다 더 민감하고 얼굴이 발보다 민감하다. 여자들은 얼굴이나 다른 부위의 민감도가 거의 비슷하다.

아이가 퇴근한 아빠에게 달려온다. 아빠는 가방을 내려놓고 아이를 안아주고 뺨을 비빈다. 회사에서 받은 아빠의 스트레스가 스르르 녹는 순간이다. 아이 역시 아빠를 보고 싶었던 마음을 녹여낸다. 여기서 아이와 아빠가 서로 안아주고 뺨을 비비지 않는다면? 아마도 기쁜 마음이 훨씬 줄어들 것이다.

이렇게 아이와 아빠가 서로 안아주며 기쁨을 나누는 것과 같은 것을 '접촉위안'(contact comfort)이라 한다.

'접촉'은 단순히 피부에 무엇인가 닿은 것 이상의 많은 반응을 일으킨다. 이제는 마케팅에서도 '접촉마케팅'이 필수로 자리 잡았다. 고객이 직접 만져볼 수 있게 함으로써 구매를 유도하는 방식이다. 접촉마케팅은 태생적인 만족감에 뿌리를 두고 있다.

위스콘신 대학의 해리 할로우는 '헝겊 엄마, 철사 엄마'라는 재미있는 실험을 했다.

할로우는 새끼원숭이에게 두 종류의 엄마를 주었다. 한 엄마는 가슴에 우유병을 달고 먹을 것을 주는 철사 엄마였고 한 엄마는 부드러운 헝겊으로 감싼 엄마였다. 생존을 생각한다면 철사 엄마와 가깝게 지내야 하지만 결과는 정반대였다. 새끼원숭이는 우유를 먹는 시간을 제외하고는 하루 종일 헝겊 엄마와 보냈다. 자라서 몸이 커지자 우유를 먹을 때도 손과 다리는 헝겊 엄마에게 두었다.

할로우는 이와 다른 실험도 진행했다. 아예 태어나자마자 헝겊 엄마와 철사 엄마 밑에서 자라게 한 새끼원숭이들에게 포식자 사진을 보여

나는 언제나 네 편이란다.

'접촉'은 단순히 피부에 무엇인가 닿은 것 이상의
많은 반응을 일으킨다.
이제는 마케팅에서도 '접촉마케팅'이 필수로 자리 잡았다.
고객이 직접 만져볼 수 있게 함으로써 구매를 유도하는 방식이다.
접촉마케팅은 태생적인 만족감에 뿌리를 두고 있다.

주거나 큰 소리로 극단적인 공포를 심어주었다. 그랬더니 헝겊 엄마와 함께 자란 원숭이는 공포의 상황이 발생하자 헝겊 엄마에게로 도망을 가서 진정될 때까지 붙어 있었다. 반면에 철사 엄마와 함께 자란 새끼원숭이는 안절부절못하다가 이상 행동까지 보였다.

할로우 교수는 이 실험을 우리의 뇌 발달과 연결시켰다. 난자와 정자가 만나 수정란이 되고, 수정란은 다시 외배엽, 중배엽, 내배엽으로 성장하는데, 외배엽이 신경계와 피부가 된다는 설명이다. 즉 마음을 관리하는 뇌와 피부가 같은 뿌리를 가지고 있다는 이야기다. 이 때문에 피부에 어떤 접촉을 하느냐에 따라 마음이 달라진다는 게 할로우 교수의 주장이다.

원숭이가 '털 고르기'를 통해 상호 커뮤니케이션을 유지하듯이 인간도 스킨십을 통해 타인과 유대를 맺는다. 적절한 스킨십이 결핍되면 사춘기 이후 자폐적인 성향이나 충동성, 공격성 등을 가져올 수도 있다고 한다.

대학에서 강의를 할 때 일이다. 세상의 때가 묻지 않은 듯 예쁜 여학생이 있었다. 그 친구는 늘 예쁜 색깔의 손수건을 가지고 다녔다. 기회가 있어서 조용히 물어보니 외동딸에다 어린 시절 부모님이 바빠서 저녁마다 유일한 친구가 되어준 것이 손수건이었다고 한다. 지금도 손수건을 꼭 잡고 잠을 잔다고 한다. 그 여학생에게는 손수건이 접촉위안인 셈이다.

우리들도 알게 모르게 만지면 편하고 마음에 위로를 받는 물건이 있다. 접촉의 추억이며 접촉의 위안이다. 접촉마케팅은 바로 이 접촉위안의 연장선이다.

접촉마케팅의 성공 포인트는 소비자가 제품을 만지는 즉시 신뢰감을 형성시키고 애착을 확보할 수 있게 하는 것이다. 완벽한 촉감과 섬세한 디테일로 '이 제품은 명품'이라는 신뢰감을 주고, 촉감을 통해 애착을 형성해야 한다. 휴대폰을 개발할 때도 그렇다. 손에 쥐었을 때 편안하게 착 붙는 그립(Grip)감을 느끼도록 하면 그 섬세함에서 탁월함을 느끼게 되고, 그로 인해 신뢰감을 형성하게 된다.

이젠 병원도 접촉마케팅이 필요한 시대다. 고객을 대하듯, 환자의 입장에서 모든 것을 이해해야 한다. 몸이 아파 병원에 온 환자들은 예민하고 불안하다. 그래서 조그마한 자극에도 민감할 수밖에 없다.

초음파 검사를 받을 때 갑자기 차가운 젤을 발라주면 깜짝 놀란다. 내과에서 차가운 청진기가 갑자기 가슴에 닿게 되면 놀라게 된다. 이럴 때 예민한 환자들을 위해 적당한 온도의 물수건을 미리 건네준다거나 환자의 몸에 닿는 진료기구들을 체온에 맞춰준다면 환자들은 그 병원에 강한 애착심과 신뢰감을 가지게 될 것이다.

고객이 매장에 들어설 때 가장 먼저 작동하는 것은 시각이다. 하지만 입구에 들어가는 순간부터 자신도 모르게 촉감이 발동된다. 문손잡이와 메뉴판, 숟가락과 젓가락, 컵 등을 잡았을 때의 느낌 등 모든 것이 고객의 선택에 영향을 끼친다.

인테리어가 좋다고, 물건이 좋다고 해서 무조건 성공하는 게 아니다.

촉감의 디테일이 필요하다. 고객은 좋은 물건을 구매하러 왔지만, 그 안에서 힐링도 받고 싶어 한다는 걸 잊지 말라.

촉감은 인간의 본능을 깨우며 잠자고 있던 예술적인 영감을 불러일으키기도 한다. 왕가위의 영화 『에로스』에는 이런 대사가 나온다.

"여자 몸도 모르면서 어떻게 여자 옷을 만들겠어? 앞으로 이 감촉이 영감이 되어줄 거야."

사람은 죽을 때까지 타인과 접촉하고 느껴야 하는 존재다. 실제로 배우자와 이혼을 했거나 사별 후에 남겨진 사람이 심장병으로 사망하는 비율이 높다고 알려져 있기도 하다. 이 때문에 의학자들은 '촉감'이 천연 진통제라고 말한다. 남성은 아내가 사망하고 6개월 정도 후에, 여성은 남편이 사망한 뒤 2~3년 사이에 사망하는 비율이 가장 높다는 연구 결과도 있다.

어쩌면 사람이 살아갈 수 있도록 하는 가장 필요한 조건이 바로 촉감, 즉 만지고 만져진다는 것이 아닐까? 그래서 '접촉위안'이 곧 접촉마케팅의 시작이다.

'만진다는 것'의 쾌감과 즐거움을 제공하라

고영건 고려대 심리학과 교수는 "20세기가 시청각의 시대였다면 21세기는 촉각(터치)의 시대"라고 규정했다. 촉각을 자극하는 효과는 생각 외로 크다. 여준상 동국대 교수도 "앞으로는 촉각을 다른 감각과 함께 활용하는 '감각 상호작용 효과'를 활용할 수 있다. 청각을 공략하는 오디오 제품의 버튼 촉감을 연구개발한 '뱅앤올룹슨'이 바로 대표적인 '감각 상호작용 효과'의 성공 사례"라고 말했다.

이외에도 많은 학자들이 신체 접촉은 언어나 감정적인 접촉에 비해 10배 이상의 강한 힘이 있다고 입을 모아 말한다.

어떤 연구팀이 대학 도서관의 사서가 학생들에게 책을 대출해주면서 상대방이 눈치를 채지 못하게 살짝 신체적인 접촉을 하는 실험을 해보았다. 그 결과 책을 대출받은 학생들은 대부분 사서가 밝은 표정으로 웃고 있었다고 생각했다고 한다. 하지만 사서는 사실 무표정한 얼굴을 한 상태였다.

이처럼 가벼운 신체 접촉만으로도 상대방에게 호감을 줄 수 있다. 실제로 식당에서도 손님들의 신체 일부 즉, 손이나 어깨 등을 상대방이 눈치 채지 않도록 가볍게 터치하는 웨이트리스가 더 많은 팁을 받는다고 한다.

개인적인 차이는 있겠지만 '접촉'을 가장 적게 하는 세대는 어떤 세대일까? 두말할 것 없이 50~60대 할저씨(할아버지도 아저씨도 아닌 애매한 50~60대 남성) 세대를 꼽고 싶다.

같은 50~60대라 해도 여성은 손녀, 손자를 봐준다거나 이런저런 집안일 등을 하면서 끊임없이 뭔가를 만지고 반응한다. 반면에 50~60대 남성은 촉감을 느낄 만한 것이 너무 적다. 만지는 일이 곧 살아있음을 증명하고 감각을 살리는 일인데 50~60대 남성은 그것이 허락되지 않는다. 개인적인 문제가 아니라 사회 시스템이 그러하다. 그래서 50~60대 남성들이 푹 빠져 사는 게 하나 있다. 터치하면 바로 반응을 보이고 내가 시키는 일에 반항하지 않고 척척 해나가는 기특한 녀석, 바로 스마트폰이다. 청소년 스마트폰 중독도 심각하지만 중년 남성들의 스마트폰 중독도 심각한 문제다.

'여러 가지 문제 연구소'의 김정운 소장은 중년 남성이 단란주점을 가는 이유 중의 하나로 '접촉의 부재'를 꼽았다. 술 먹을 데가 없어서 비싼 돈 주고 단란주점에 가는 게 아니라 촉감을 느끼기 위해서라는 것이다. 그래서 김정운 소장은 행복한 부부생활의 첫 번째 조건을 '만져라'로 꼽았다.

촉감을 자본으로 바꾸려면 바로 이 부분을 생각해야 한다.

고도의 경제성장과 부동산 경기의 수혜를 입은 50~60대가 많다. 최근 이들을 잡기 위한 마케팅이 활발히 이루어지고 있다. 50~60대의 향수를 느끼게 하는 마케팅도 필요하지만 50~60대 남성들에게 부족한 촉감마케팅도 고민해야 한다. 즉, 주 고객층이 어떤 촉감을 그리워하는지 생각할 필요가 있다.

대형매장에 가면 사람 무릎 높이만큼 채소와 과일이 쌓여있고 한쪽에는 저울과 봉지가 있다. 손님이 알아서 담아 가라는 뜻이다. 손님은 과일을 직접 만지고 냄새를 맡아보고 손끝의 촉감으로 신선도를 살핀다. 그리고 가장 신선한 채소와 과일을 골라서 필요한 만큼 포장한다. 웬만한 동네 마트도 대부분 이런 방식이다.

반면 전통시장 안에 있는 과일가게는 사장이 직접 담아주거나 미리 포장을 해놓고 판매한다. 고객은 시각에만 의지해 선택할 수밖에 없다. VMD로서 전통시장 매장 안에 고객이 스스로 만지고 냄새 맡을 수 있는 판매대를 만들 수는 없을까 고민이 크다.

아무리 주부 9단이라도 채소나 과일의 신선함은 판매하는 주인만큼 알 수 없다. 오히려 주인이 골라주는 게 더 좋은 물건일 수도 있다. 하지만 고객은 자신이 직접 선택하고, 만지고 고르는 즐거움을 놓치기 싫어한다. 자신이 만지는 대로 반응하고 통제되며 움직이는 것에 대해 즐거움을 느끼지 않는 사람은 없다.

국민소득 2만 달러가 코앞이다. 소수의 부유층을 상대로 하던 마케팅에서 다수의 대중을 대상으로 한 보편적인 마케팅으로 넓어지고 있는 추세다. 그래서 기업들도 이제 고급스러운 느낌을 가진 대중적인 제품을 내놓고 있다.

어떤 제품이건 명품이 되려면 완벽한 품질은 기본이고, 모든 것이 섬세해야 한다.

촉감은 개인적인 경험과 연관성이 크다. 개인마다 느끼는 촉감의 차이가 뚜렷하기 때문에 소비자는 끊임없이 직접 만져보고 그 감각을 공유하고자 한다. 소비자가 제품을 만졌을 때 그 느낌이 즐거워야 한다. 그래야 고객의 신뢰를 얻고 애착을 갖게 할 수 있다.

전자업체나 자동차업체들도 촉감마케팅에 나서고 있다. 럭셔리 세단의 대명사인 벤츠나 BMW는 스위치를 작동했을 때의 느낌이 즐거운 자동차를 만들기 위해 스위치 소재 선택에 신경을 쓰고, 손가락 근육과 촉감을 연구하는 촉감 기술에 투자한다. 또 많은 기업이 고객과의 접점 관리를 위해 체험관을 운영한다.

우리는 대부분 시각적인 부분에 취약하다. 그래서 눈으로 보고 판단하고 결정을 하는 경향이 많다. 하지만 눈은 학습된 경향이 많고 심지어 착각을 하기도 한다. 반면에 촉감은 경험에 의지한다. 그래서 인간에게 더욱 애착과 신뢰감을 심어주는지도 모른다.

스킨십으로 거리를 좁혀라

한때 온 나라를 떠들썩하게 했던 달콤한 드라마가 있었다. 『별에서 온 그대』이다.

드라마 속의 어느 날, 외계에서 온 대학강사 도민준(김수현 분)은 '스킨십의 심리학'을 강의했다. 도민준이 정리한 스킨십의 정의는 '사랑하는 사람들의 상호 피부 접촉에 의한 애정의 교류'였다.

스킨십은 사랑을 만들어 가는 연인들에게 매우 중요한 촉매제다. 드라마 속 도민준도 스킨십이 연인들에게 어떤 효과를 주는지 적었다.

'사랑하는 연인 사이의 사랑을 확인시켜준다.'

'사랑의 친밀도가 높아진다.'

'인간의 자연스러운 욕구를 채울 수 있다.'

시각을 사용하지 못하는 완전한 어둠 속에 있을 때는 인간의 촉감이 최고로 발휘된다. 말 그대로 온 신경을 곤두세운다. 당연히 긴장이 되고, 주변에 누군가 있다면 서로 의지하며 교감을 나눌 수밖에 없다. 이러한 교감이 자연스럽게 친근함으로 이어진다. 이런 점에 착안해서 생긴 식당이 '암흑식당', 일명 블라인더 식당이다.

암흑식당은 말 그대로 모든 빛을 차단한 채 식사를 해야 한다. 입구에서 음식을 주문한 다음 안내인의 손을 붙잡고 들어간다. 앞이 전혀 보이지 않으니 의지할 것은 오직 촉감과 상대의 언어다. 음식이 오면 더듬더듬하며 그릇의 위치를 알아간다. 서로의 손을 잡아주고 음식 위치를 알려주며 자연스럽게 친해진다.

영화 『어바웃 타임』에서 주인공은 암흑식당에서 만난 그녀와 대화를 나누며 호감을 느끼게 되고 결혼까지 하게 된다.

사람과 사람이 친해진다는 것은 '거리'가 좁혀진다는 의미다. "눈에서 멀어지면 마음도 멀어진다"라는 말도 있지 않은가. 연인이 아닌 부부 사이에도 스킨십은 정말 중요하다. 서로의 사랑을 확인하고 다져갈 수 있는 근간이기 때문이다.

다정한 스킨십은 행복 호르몬 옥시토신의 분비를 촉진시킨다. 긴장을 이완시키고 애착과 신뢰감을 갖게 하여 인간적인 결속을 높여주기 때문이다. 고객과 제품도 그렇다. 거리를 좁히고 친밀한 스킨십이 이뤄지면, 자연스럽게 '친숙한 물건'이 되고 구매까지 이어진다.

촉감적인 요소는 또한 주변 상황과도 매치가 되어야 한다. 언젠가 속옷을 파는 매장에 컨설팅을 나갔다. 초여름이라 여름 시즌 장사가 한창이었다. 가판대 위의 속옷을 들었는데 더운 날씨와 조명으로 제품이 뜨거웠다. 매장의 홍보 문구는 온통 '시원한 속옷 팝니다'인데 막상 손에 느껴지는 제품의 촉감은 뜨거웠다. 촉감과 상황과 홍보가 완전 달랐다.

'우리'라는 이름으로 우르르~.

점주를 설득해 드라이아이스 팩을 구매했다. 드라이아이스 팩을 비닐로 감싼 다음 제품 사이에 듬성듬성 넣었다. 잠시 후 홍보 문구 그대로 시원한 속옷이 가판대에 놓여졌다. 그날 바로 사장님께 피드백이 왔다. 매출이 크게 상승했다고.

제품 설명과 촉감이 매치가 안 되면 신뢰가 떨어진다. 스킨십이 고객과 제품의 거리를 좁히는 게 아니라 오히려 늘려 버리면 곤란하다. 언제나 눈을 크게 뜨고 고객이 무엇을 만지는지 살펴보자. 그런 다음 그 제품이 촉감과 고객의 거리를 좁히는 방안을 연구해 보자.

매장의 유형마다 고객의 손이 닿는 부분은 각기 다르다. 고객의 입장에서 그 부분들을 직접 접촉해보자. 내가 하는 게 어렵다면 전문가의 도움을 받아도 된다. 고급 브랜드 매장처럼 고객의 동선까지 데이터화할 필요는 없겠지만 고객이 느끼는 촉감과 감정은 함께 느껴야 한다. 촉감 마케팅은 지금 매장들이 겪고 있는 어려움을 해결해줄 수 있는 실마리도 제공해준다. 인터넷 쇼핑몰 제품 후기 게시판에는 모델이 입었을 때와 자신이 입었을 때의 차이를 사진으로 올려놓는다. 모델이 입었을 때는 핏도 예쁘고 화려하지만 자신이 입으면 초라한 모습이다. 인터넷 쇼핑몰은 이런 차이를 방지하기 위해 모델의 키나 몸무게를 공개하기도 하고 동영상을 찍어서 올리기도 한다. 하지만 이 역시 실제 고객이 사용하는 것과 맞지 않는 경우가 많다.

온라인 매장의 등장으로 오프라인 매장 매출이 줄어든 건 사실이지만 사진과 실제 제품 사이의 미스매치나 윈도쇼핑의 즐거움을 생각하면 오프라인 매장은 절대 사라지지 않는다. 오히려 온라인과 오프라인이 섞이면서 고객에게 더 많은 즐거움을 선사할 수 있다.

최근 유통업계도 '스킨십마케팅'에 집중하고 있다. 자사의 브랜드와 제품에 대한 친밀도를 높이기 위해 소비자들과의 거리를 좁히는 것이다. 화장품을 직접 사용해보게 하기도 하고, 직접 식품을 먹어 보게도 한다. 최신 기술을 활용하는 업체도 있다. 헤어 전문 브랜드 로레알 프로페셔널 파리는 미용실에서 염색이나 펌을 하기 전에 가상으로 다양한 스타일링을 체험해볼 수 있는 디지털 기기 '스타일링 미러'를 론칭했다.

스타일링 미러는 본인의 얼굴을 촬영한 후 자신이 원하는 헤어 컬러나 스타일을 적용한 모습을 바로 확인할 수 있는 디지털 기기다. 가상의 모습과 현재의 모습을 비교해볼 수도 있고, SNS로 친구들과 공유도 할 수 있다. 또 헤어 트렌드나 미용실의 다양한 이벤트, 할인혜택 등도 실시간으로 업데이트가 되어 소비자들에게 빠르게 전해준다.

인간의 가장 기본적인 감각이 촉각이라고 한다. 어쩌면 사람은 촉각 덕분에 자신이 살아있다는, 존재한다는 것을 인식하는지도 모른다. 스킨십이 마케팅에 꼭 필요한 이유다.

디테일한 촉감경영이 고객을 모은다

일과 가정 두 마리 토끼를 챙겨야 하는 워킹맘이다 보니 지칠 때가 있다. 이럴 때 나는 다른 도심 속을 여행하며 일정한 감각을 유지하고 에너지를 충전한다. 시간이 여의치 않으면 집 근처 백화점에 간다. 쇼핑이 아니라 요즘 유행하는 감각이 어떤 것인지 보기 위해서다. 고급 브랜드 매장에 가서 후배 VMD들의 실력을 보기도 하는데, 감탄할 때가 많다. 특히 예상치 못한 디테일을 보면 누가 기획했는지 혼자 칭찬을 보낼 때도 있다.

고급 만년필 매장을 방문하면 직접 필기감을 느껴보라고 종이를 건네주는데, 이 종이가 일반 볼펜용 종이와 달리 참 '고급지다'. 손끝 느낌이 정말 다르다. 구두매장에서도 비슷한 걸 느낄 수 있다. 구둣주걱 하나도 잡을 때의 느낌을 배려했다는 걸 알 수 있다. 아무리 무감각한 고객이라도 자신이 대접을 받고 있다는 사실을 느낄 수 있다.

외국인이 한국에서 크게 놀라는 일 중 하나가 화장품 가게에서 주는 엄청난 샘플이다. 입구에서도 나눠주고, 매장 안에 들어오면 아낌없이 발라준다. 물건을 구매하면 이것저것 샘플을 함께 넣어준다. 규모가 큰 매장이나 동네 매장이나 한결같다. 소비자 입장에서는 선택의 폭이 넓어지고, 서비스까지 받아서 기분이 좋다.

촉감마케팅의 기본은 바로 샘플이다. 단순히 보는 것으로 끝나는 게 아니라 샘플을 나눠주고 직접 사용해보게 해야 한다.

몇 년 전부터 고속도로 휴게소에서 흔히 볼 수 있는 체험제품이 있다. 안마기계다. 과거에는 고객이 직접 매장을 방문해야 사용해볼 수 있었지만, 지금은 전국 고속도로 어디서나 체험을 해볼 수 있다. 느긋하게 누워서 안마를 즐기고 있으면 영업사원으로 보이는 사람이 다가와 이것저것 설명하느라 바쁘다. 사실 안마기계가 좋다는 얘기는 많이 들었지만 직접 사용해보기 전에는 정말 좋은지 아닌지 알 수 없다. 직접 만져보고 체험해서 그걸 느껴보라는 촉감마케팅인 셈이다.

샘플을 사용해보고 즐겁거나 탁월함을 느낄 수 있다면 바로 고객의 신뢰를 획득하고 애착을 확보할 수 있다. 또한 촉감을 통해 제품과 고객의 상호작용이 일어난다. 이런 촉감의 장점을 극대화하기 위해서는 아주 사소한 부분까지 신경 써야 한다. 디테일은 촉감 마케팅의 매우 중요한 요소다.

시장에서 파는 떡은 눈으로는 볼 수 있어도 직접 손으로 만져보기는 어렵다. 떡집에서는 대부분 떡을 가격에 맞춰 포장한다. 당연히 양이 많을 수밖에 없다. 하지만 1인 가구의 입장에서는 떡이 많으면 남기게 되고, 금방 딱딱하게 굳는다. 그래서 떡을 적게 포장하고 고객이 직접 만져볼 수도 있게 해서 성공한 J떡집의 촉감마케팅 사례가 있다. 인절미에 고물을 즉석에서 직접 묻히면서 떡의 촉감을 그대로 느낄 수 있는데다 백설기를 샌드위치 모양의 소포장으로 가방에 넣고 다니며 먹을 수도 있어서 고객의 호응이 커졌고, 덩달아 매출도 늘어났다.

이제 단순한 '할인혜택'으로는 승리할 수 없다. 대형마트나 백화점 등 유통업체들이 '경험을 파는 공간' '촉감까지 느낄 수 있는 공간'으로 거듭나고 있는 이유다.

경기도 김포의 현대프리미엄아울렛은 '리조트 같은 아울렛' '테마파크 같은 공간'을 내세우고 있다. 단순한 쇼핑공간이 아니라 가족과 함께 문화와 쇼핑, 휴식을 즐길 수 있는 공간이다. 5,000㎡(1,500평) 규모의 하늘정원과 아라뱃길을 끼고 있는 수변 뷰의 카페, 산책로처럼 만들어놓은 동선이 관광지를 방불케 한다. 강을 접하고 있다는 것도 다른 아울렛과의 차별점이다.

현대백화점 정지영 영업전략실장 상무는 소비자들에게 현장의 '촉감'까지 느끼게 하고 싶었다고 말했다. 심지어 "아울렛 내부를 관통하는 450m 물길에 있는 수백 마리의 청개구리 조형물 가운데 한 마리를 황금으로 만들어서 직접 만지면 복이 온다든지 하는 스토리를 부여하려고 했었다"고 한다. 비록 안전문제가 발생할 가능성 때문에 무산되었지만 '직접 느끼게 하는' 촉감마케팅에 얼마나 공을 들였는지 알 만하다.

최근 일본의 레스토랑에서 인기몰이 중인 메뉴 가운데 새우나 홍합 등을 직접 손으로 들고 까서 먹는 게 있다. 예전에는 음식물이 묻는다고 꺼렸던 소비자들이 오히려 맨손으로 집어먹을 수 있는 핑거 푸드에 열광하고 있다.

이처럼 촉감을 추구하는 소비자들이 많아지면서 의류업체도 발 빠르게 움직이고 있다. 촉감은 여타 감각에 비해 체험적인 성격이 짙다. 그래서 겨드랑이와 소매 부분에 아예 솔기가 없는 무봉제 속옷을 선보였다. 또 피부의 감수성을 배려해 스타킹도 부드러운 촉감의 재질을 중요시하고 있다.

프랜차이즈 창업 시장은 어느 분야보다 경쟁이 치열하다. 유사한 아이템이 넘치기 때문에 고객에게 '특별함'을 보이기 위해 노력한다. 그래서 다양한 이벤트로 고객몰이를 한다. 요즘은 이런 짧은 이벤트 대신 인테리어나 제품 등을 고객이 직접 만지고 느끼게 해서 재구매를 유도하는 업체들이 있다.

'e-붙임머리'는 100퍼센트 인모(人毛)로 차별화를 꾀했다. 이상인 대표는 "조금은 생소한 붙임머리 시술에 망설이던 고객도 직접 제품을 쓸어내려보고는 바로 결정하는 경우가 많다. 시술 후에도 자신의 머리처럼 부드럽게 만져지는 느낌 때문에 재시술을 받는 고객들이 많다"고 말한다.

대마로 만든 '삼베'는 항균과 살균에 탁월한 효과가 있고 통풍도 잘된다. 하지만 거친 촉감 때문에 지금까지 대부분 수의(壽衣)로 사용되었다. 그런데 '햄프리 코리아'는 오랜 연구를 통해 대마의 질을 개선함으로써 오히려 장점으로 만들었다. 면보다 견고성과 내구성이 좋은 데다 양말 제품의 경우 며칠 동안 빨지 않아도 냄새가 나지 않을 정도라 인기가 있다. 신뢰를 심어줄 수 있는 '촉감'에 주력하여 애착심이 강한 충성고객을 늘리는 데 성공한 경우다.

이현정 LG경제 선임연구원은 '신뢰와 애정을 높이는 촉감마케팅'이라는 보고서에서 "기본적인 촉감마케팅이 '촉감에 의존한' 마케팅 방식이라면, 현재 다양하게 전개되고 실질적으로 쾌락(Hedonic) 가치를 극대화하는 마케팅 방식은 '촉감이 즐거운' 제품과 서비스를 제공하는 방식으로 발전되고 있다. 닿았을 때의 느낌이 즐겁거나 탁월한 제품, 서비스를 제공하면서 고객의 신뢰감(Trust)을 획득하고 애착(Affect)을 확보하는 방식으로 촉감마케팅이 발전되고 있는 것"이라고 강조했다.

특히 촉각은 인간의 쾌락과 관련이 높다. 원초적인 감각이며 쾌락(Hedonic)을 이끄는 본성적인 감각이 바로 촉감이다. 신생아가 어머니의 자궁에서 막 나온 뒤 '촉감'으로 세상을 만나듯이 고객의 촉감을 만족시키는 디테일한 촉감경영이 고객의 지갑을 열게 한다.

초콜릿 두 알을 만지작거리다.
눈은 이미 달콤하고
손 안은 이미 바스락거리는 달콤함으로 가득 찬다.

촉감을 표현하는 방법을 익혀야 한다

촉감은 세상에서 가장 따뜻한 소통이다. 감기에 걸려 끙끙거리며 누워있는 아이의 이마를 짚어보는 엄마의 손길, 볼을 스치는 봄날의 바람 등 우리의 몸에 새겨진 감각의 기억은 잘 지워지지 않는다. 아무리 멋있는 말로 설명해도 실제 경험하지 못하면 느끼지 못하는 게 참 많다. 그중 하나가 키스가 아닐까? 사랑하는 사람과 키스할 때의 그 황홀함은 직접 해보지 않으면 결코 알 수 없다. 촉감은 그런 것이다. 매번 설명하는 것보다 한 번 만지고 느끼는 게 훨씬 정확하고 빠르다.

VMD를 꿈꾸는 사람들에게 많은 걸 만져보라고 권한다. 카페에 가면 테이크아웃 잔 대신 그 매장의 머그잔을 받아서 느껴보고, 우유를 살 때도 내가 집은 제품과 옆에 있는 제품의 촉감이 어떻게 다른지 느껴보라고 말한다. 조금은 피곤하겠지만, 이런 의식적인 노력이 필요하다. 물론 느끼는 것으로만 끝나면 안 된다. 느낀 것을 표현할 수 있어야 한다.

우리는 언어가 가진 규격 속에서 살아가고 있다. 즉 언어가 규정을 하면 그냥 그렇게 믿는다. '차갑다' 혹은 '뜨겁다'는 어떻게 알 수 있는가. 사

이 하늘을 보며 무슨생각을 했는가?

실은 아무도 알 수가 없다. 차갑다와 뜨겁다는 것을 나누는 기준 온도가 없기 때문이다. 그럼에도 그 촉감만은 우리 모두가 알고 있다. 그리고 촉감을 통해 '차갑다, 뜨겁다'고 말할 수 있다.

섬세한 촉감을 기르는 방법은 촉감을 다양하게 표현하는 방법을 알고 익히는 것이다. 말로든 글로든 촉감을 섬세하게 표현하면 고객의 가슴에 울림을 주고, 매출도 상승한다.

표현하는 방법은 다양하다. 우리 몸으로 뭔가를 표현하는 방법도 말

뿐만 아니라 제스처, 표정 등이 있다. 하지만 모든 사람이 공통적으로 느낄 수 있고 빨리 전달할 수 있는 표현법은 딱 두 가지다. 말과 글이다.

촉각을 단순히 혼자 느끼는 것은 아무런 의미가 없다. 감각을 자본으로 바꾸는 핵심기술은 내 감각과 고객의 감각이 함께 만족하는 접점을 찾는 일이다. 말과 글을 통해 촉각을 표현할 수 있어야 한다. 이 표현을 고객 앞에서 펼칠 수 있다면 촉감의 감각은 점점 늘어난다.

촉감을 자신만의 고유 디자인으로 표현하는 사람이 있다. 디자인계에 '촉감'의 바람을 몰고 온 대표적 인물 요시오카 도쿠진이다. "디자이너들은 촉각을 다스릴 줄 알아야 한다"라고 주장하는 그는 신기술과 신소재를 적극적으로 활용해 사람의 몸이 기억할 수 있는 디자인 가구를 만든다. 그리고 의자와 같은 가구나 휴대폰 등의 디지털 제품에도 촉감을 불어넣는다.

함민복의 시에 이런 대목이 있다.

"말랑말랑한 흙이 말랑말랑 발을 잡아주고, 말랑말랑 가는 길을 잡아줄 것입니다."

이젠 촉감만이 아니라 모든 감각을 언어로 표현해야 할 때다. 어쩌면 최고의 촉감언어는 자연에 있는지도 모른다. 벼이삭을 어루만지는 바람, 흘러가는 강물소리, 바람에 부딪치는 갈대의 속삭임 등.

얼마 전 SBS 『취재파일』에서 한국예술종합학교 조형예술과 교수인

안규철의 개인전을 취재했다. 작품이 마치 시와 같다는 기자의 평가에 그는 이렇게 답했다.

"나의 작업에 문학적인 텍스트가 깔려 있기 때문일 겁니다. 나는 '언어'와 '사물' 사이를 어떻게 연결할까 고민합니다. 그리고 '이야기'와 '이미지'를 연결하는 '중개자' 역할을 하려고 합니다. 미술이 그런 역할을 해야 한다고 생각합니다."

실제로 그는 작가로 데뷔하기 전 7년 동안 미술잡지 기자로 활동했다.

안 작가의 말은 마케팅에서도 유효하다. 그가 말한 대로 기업이나 판매자 또한 '이야기'와 '제품'을 연결하는 '중개자' 역할을 해야 한다. 따라서 모든 감각을 언어로 표현하는 것은 대단히 중요하다.

인간은 감각의 동물이며 또한 그것을 표현하는 동물이다. 감각을 언어로 표현하고 그 언어를 들음으로써 촉각과 청각, 시각 등 모든 감각이 자극을 받는다. 때때로 아름다운 여인들이 예술가들에게 터무니없이 푹 빠져드는 이유가 여기에 있다. 이제 마케팅도 예술가에게 배워야만 하는 시대가 되지 않았나 생각해볼 일이다.

자신이 바라보는 것들과 느끼는 것들을 표현해보고 그런 표현을 하는 자신을 또 바라보며 자신의 머리를 쓰다듬어주자. 그렇게 성장하는 감각이 메이킹을 통해 쌓이고 쌓여 자신만의 힘, 지속가능한 탁월함이 될 것이다. 그리고 어느 순간 굳이 메이킹하지 않아도 남들이 알아보는 나만의 감각이 된다.

6장 / 모두를 행복하게 하는 감각

[미각]

감각의 집약인 미각, 체험마케팅의 끝판왕

조각가이자 과학자, 화가인 레오나르도 다빈치는 또한 요리사이기도 했다고 전해진다. 그는 '어떻게 하면 더 맛있고 즐겁게 먹을 수 있는 요리를 할까?' 하고 늘 노력했다. 그런 노력의 하나로 그는 마치 살아있는 듯한 사자를 만들었다. 사자가 걸으면 음악이 흘렀고, 울부짖듯 입을 벌리면 음식이 나왔다. 또 식사를 하는 동안 장미 꽃송이들이 흠뻑 뿌려지도록 했다. 인간의 모든 감각기관을 동원하여 맛을 느낄 수 있도록 한 이벤트였다.

미각은 복잡하고 다양한 감각이다. 음식의 맛도 미각으로만 느끼는 것이 아니다. 혀에 어떤 물질이 닿으면 '미뢰'의 미각세포에서 신경세포를 따라 뇌로 전달되어 기억 속에 잠재된 정보와 비교한 뒤 맛을 인식한다. 그런데 '사과 맛'이나 '딸기 맛' 등은 미각세포에서 신맛을 느끼더라도 향기가 나지 않으면 사과나 딸기로 인식하지 못한다. 즉 후각이 함께해야 비로소 맛을 느낀다.

이처럼 후각과 미각이 함께 자극되어야 향미를 느낀다. 그래서 음식을 먹기 전에 맡는 냄새와 입안에서 씹고 삼키면서 코 뒤쪽으로 올라가

편안하지만
존재감이 너무 강해서…
음미한다!

그리고 기억한다.

는 냄새도 매우 중요하다. 즉 음식을 먹는 사람의 호흡이나 씹는 속도, 횟수, 침 상태 등의 다양한 영향을 받는 것이 향미다. 음식을 빨리 먹는 사람일수록 향미를 제대로 느낄 수 없다.

향미에 있어서는 시각도 중요하다. 음식의 색깔이나 형태, 향신료와 소스, 조리되어 나오는 모양과 그릇, 음식을 입에 떠넣을 때의 늘어지는 모습 등도 맛에 영향을 준다. 또 입안에서 느끼는 조직감과 함께 때로는 음식의 온도까지 생각해야 한다.

미각은 이처럼 복잡미묘하다. 따라서 미각마케팅은 체험마케팅의 끝판왕이라고 할 수 있다. 체험마케팅의 핵심은 당연히 체험이다. 브랜드의 이미지를 높이기 위해서는 감각(sense)·감정(feel)·인지(think)·행동(action)·관계(relation) 등 다섯 가지 차원에서 소비자들이 최고의 경험을 할 수 있도록 해야 한다.

대형백화점이나 마트에서는 시식코너를 통해 미각마케팅을 하는데, 고객이 한창 허기가 질 만한 시간대인 오전 11시부터 오후 1시까지, 그리고 오후 4시 이후를 주로 공략한다. 또 '체험단 마케팅'을 통해 소비자들을 공략하기도 한다.

풀무원은 공식 기업 블로그인 '풀무원의 아주 사적인 이야기(풀사이)'로 변화하는 트렌드에 발맞춘 새로운 콘텐츠를 보여주고 있다. '풀사이'를 대표하는 인기 콘텐츠는 라면데이, 어묵데이 등 음식과 식재료에 대한 이야기를 과학, 문화, 역사, 트렌드와 함께 재미있게 풀어낸 스토리텔링형 콘텐츠 시리즈다.

매일유업은 '유당불내증' 등으로 우유를 마시지 못했던 소비자들을 대상으로 '락토프리 체험단' 이벤트를 진행하고 있다. 그동안 우유를 마시면 복통, 설사, 방귀 등의 불편한 증상으로 우유 섭취를 기피했던 소비자들은 '소화가 잘되는 우유'를 직접 마셔볼 수 있다.

이제 미각은 트렌드를 넘어 대세다. 온갖 매스컴에서 사람들의 미각을 자극하는 프로그램이 끊임없이 이어진다.

『1박2일』이라는 프로그램으로 방송계의 한 획을 그은 나영석 PD는 미각이 얼마나 사람들의 감성을 자극하는지 정확히 꿰뚫고 있는 사람이다. 『삼시세끼』의 돌풍과 함께 외국에 나가 작은 식당을 차려 운영하는 콘셉트로 인기를 끌었던 『윤식당』에 이르기까지 '직접 그곳에 가서 체험하고 싶다!'라는 욕구를 불러일으키고 있다.

생생한 현장감이 가득한 버라이어티에 미각을 자극하는 음식 그리고 사람들의 감성을 자극하는 귀여운 동물들을 굳이 방송에 출연시키는 이유가 있다. 시각과 체험, 맛 세 가지 요소는 사람들의 오감과 감성을 끌어내어 공감력 100%의 효과를 보기 때문이다. 하지만 비주얼(시각)이 아무리 멋있어 보여도 '맛의 진검승부'에서 실패한다면, 그것으로 매장의 매출은 끝이다.

실제 예를 들어보자. 비주얼이 환상적인 베이커리 프랜차이즈 매장이 있었다. 대형기업의 시스템과 지원을 받아 상권을 몰아붙였지만 결국 맛이라는 진검승부에서 작은 동네의 매장에 패배했다.

"에이, 어떻게 대형 프랜차이즈를 이길 수가 있겠어요? 자본과 시스템이 거대한데."
"맛이 아무리 좋아도 화려한 브랜드로 치장된 프랜차이즈 매장을 이길 수 있겠어요?"

쉽진 않다. 하지만 분명 이런 매장은 존재한다. 화려한 비주얼과 매장의 크기는 중요하다. 그러나 사람들이 최종적으로 선택하는 것은 그곳의 깊고 매력 있는 맛(미각)이다. 매장이 문을 열 때 잠깐 왕창 몰렸던 사람들이 어느 순간 떨어져나가는 경우를 본 적이 있을 것이다. 맛으로 고객의 마음을 잡지 못했기 때문이다.

다시 말하지만 결코 쉽지는 않다. 견뎌야 할 시간들이 짧지 않다. 그 시간을 견디지 못하고 포기하는 매장들이 너무도 많다. VMD컨설팅을 하면서 매장 인테리어에 너무 많은 투자를 하지 말라고 조언하는 이유도 바로 이 때문이다. 마지막 최종 마침표는 결국 맛(미각)이다.

시각과 후각, 청각, 촉각이 한곳으로 모두 모이는 데가 바로 맛, 미각이다. 결국 맛으로 '진검승부'를 내야 한다. 성공한 기업이나 성공을 이룬 매장의 마스터들은 이 사실을 알고 있다.

일본의 초밥달인들은 밥 하나 회 하나에도 질감, 촉감, 시각, 청각을 담아낸다. 작은 매장이 사람들로 가득한 이유다. 최고의 맛을 완성하기 위해 적당한 온도와 배합, 무게, 촉감까지 신경 쓰는 열정을 초밥이라는 작은 음식에서 체감하고 느낄 수 있기 때문이다.

장인정신이 배어 있는 맛과 그렇지 않은 맛은 분명 차이가 있다. 고객들은 직감적으로 안다. 무엇을 주력상품으로 선택하는가 하는 것은 주인의 몫이지만, 선택한 이후에는 '집요한 장인정신'이 필요하다. 날을 예리하게 세우고 매일 칼을 갈고 다듬고, 담금질을 했을 때 '맛의 진검'이 완성된다.

"아! 그집 칼국수는 전국에서 최고야!" 하는 말이 나올 정도가 되어야 한다.

매출에만 신경을 쓰다가 근본적인 핵심을 놓치는 매장이 너무나 많다. '마음이 움직여야 사람들이 움직인다'는 사실 말이다. 고객을 생각하는 깊은 마음, 진정성과 장인정신은 고객에게 최고의 경험을 맛보게 하기 위한 정직한 전략이다. 끊임없는 연구와 실험을 거듭하라. 실패의 시간과 경험치는 분명 소중한 자산이 될 것이다.

'체험을 통한 카타르시스'는 주인의 진정성과 장인정신이 담긴 깊은 맛에서부터 시작된다. 3,000원짜리 칼국수라 해도 고객을 생각하는 진정성과 장인의 손길이 담긴다면, 분명 그 매장은 성공하게 된다.

고객의 지갑을 여는 것은 '마음'

냄새뿐 아니라 미각도 추억을 되살린다. 칼국수와 김밥 등을 한입 베어 물다 어느새 엄마와의 추억 속으로 돌아가게 되는 것이다.

SBS TV의 『심야식당』이라는 드라마가 있었다. 드라마 속 심야식당은 늦은 밤, 지친 하루를 엄마의 맛있는 음식처럼 다정하게 위로해줄 음식을 파는 식당이다. 메뉴는 따로 없고 식당 주인 마스터(김승우 분)는 손님이 원하면 어떤 음식이든 금방 만들어 내놓는다. 자정부터 오전 7시까지 영업하는데, 이곳을 찾는 손님들의 이야기가 드라마의 주된 내용이다.

언젠가 파스타를 무척 좋아하는 지인이 스위스의 한 파스타 집을 소개했다. 스위스의 소도시에 있는 이 식당은 테이블이 몇 개 되지 않는 작은 식당이지만 많은 여행객들이 찾기 때문에 미리 예약을 하지 않으면 안 된다고 한다.

이 집의 특이한 점은 메뉴판이 없는 것이다. 식당 주인은 날마다 자신이 내키는 대로 음식을 만든다. 그러면서도 놀랍도록 많은 종류의 파스타로 손님의 호기심을 자극한다. 그날의 메뉴는 막상 음식이 나오기 전까지는 아무도 모르는 터라 단골들은 어떤 음식이 나오는지 내기를 하기도 한다.

10여 년가량 가게를 운영하면서 어떻게 하면 손님들을 즐겁게 해줄까 고민하다가 마침내 그날그날 다른 파스타를 만들게 되었다고 한다. 자신이 직접 만들 수 있는 만큼만 주문을 받는다. 또 2인분을 동시에 만들지 않고 항상 1인분만 조리한다. 그래서 시간이 조금 걸리지만 고객들은 문제로 삼지 않는다.

만일 우리나라에서 이런 식당을 한다면 대단한 성공을 거두든지 아니면 문을 닫든지 둘 중 하나일 것이다. 우리나라 사람들은 '빨리빨리' 문화에 익숙해져 있기 때문이다. 하지만 고객을 소중하게 여기고 그를 위해 1인분만의 파스타를 만드는 그 마음으로 식당을 한다면 반드시 미각을 자본으로 바꿀 수가 있을 것이다. 미각을 자본으로 바꾸는 기본은 바로 사람의 마음을 여는 것이기 때문이다.

어느 북엇국 전문점은 음식을 한 가지 시키면 두 그릇이든 세 그릇이든 상관없이 마음껏 먹게 한다. 그 집은 아무리 불황이 와도 타격을 전혀 받지 않고 몇 대째 이어서 하고 있다. 욕심 없이 사람을 보고 장사를 하는 덕분이다.

자본주의 사회에서는 이익이 목적이다. 하지만 아무리 훌륭한 인테리어에 감칠맛이 있는 음식을 팔더라도 마음이 불편하면 그 식당에 가기 싫은 법이다. 대신 식당의 외부와 내부 인테리어가 썩 좋지는 않더라도 음식이 맛있고 마음이 편하고 넉넉하면 발길이 끊이지 않는다.

맛(음식)에도 마음이 있다. 음식에도 에너지, 파동, 파장이 있다. 마음이 전해지는 에너지가 있다. 이것을 제7의 감각 '직감'이 느끼게 된다. 이것을 사람들은 '어머니의 손맛'이라고 부른다. 투박한 뚝배기 한 그릇을 내주어도 그 안에 따스한 마음이 담긴 음식과 아닌 것을 사람들은 본능적으로 느낀다.

허영만 작가의 『식객』에는 음식에 '마음'이 담긴다는 게 어떤 것인지 잘 그려져 있다. 작가는 전국 팔도를 돌며 '잘 되는 맛집의 비밀'을 조사하고 기록하고 분석해서 글과 그림으로 담아냈다. 결국 최종 승부가 난 것은 바로 '고객의 마음을 감동시키는 깊은 맛'이었다.

고객을 사랑하는 마음이 담긴 음식에서는 따스하고 담백한 느낌이 난다. 주인의 마음이 매장 전체를 감싸고 있기 때문이다. 보이지 않아도 반드시 보이는 것이 있다. 매장의 주인은 느끼지 못해도 매장을 찾는 고객의 눈과 마음에는 분명 보인다. 작은 것 하나도 소홀히 넘기지 않는 마음이 그곳엔 있다. 잘 되는 매장의 비결은 의외로 단순하다.

여유가 없을 때일수록 더욱 '초심'을 갖고 '기본'에 충실해야 한다. 결과보다 더욱 중요한 것은 '기본에 충실하는 과정'이다.

먼저 베풀어야 돌아오고 씨앗을 뿌려야 곡식이 열린다는 것은 누구나 알고 있다. 하지만 직접 실행하는 사람은 극히 드물다. 먼저 마음으로 베풀어야 그 마음에 진동하여 감동을 받은 고객이 다른 고객들을 불러온다. 지금 당장 수익은 물론 중요하다. 하지만 당장 코앞의 수익에 급급해진다면 다음을 기약하기 어렵다. 물론 과정은 쉽지 않다. 하지만 그 과정을 견디면 더 멋진 결과로 다가올 것이다.

어느 식당 주인은 손님이 없는 날에도 항상 정한 대로 100명분의 메뉴를 준비한다. 누군가는 바보 같은 짓이라고 할 것이고, 정말 쓸모없는 짓이라고 할지도 모르겠다. 하지만 그는 언젠가 자신이 설정한 100명의 고객이 채워질 것이고 그때 당황하지 않고 친절하게 맞이하기 위해 준비하는 것이라고 한다. 이 말도 안 되는 짓, 쓸모없는 짓이라고 여겼던 일이 어느 순간 현실이 되었다. 항상 이야기했던 대로 고객이 100명이 넘게 채워졌다. 이제 그는 고객 200명분을 준비하고 있다고 말한다.

대학교수이자 심리학자인 이민규 작가는 『하루 1% 변화의 시작, 변화와 혁신의 심리학』에서 '자기규정효과'(Self Defintion Effect)를 소개했다. '자신이 규정하는 그 마음대로 정확히 이루어진다'는 것이다. 그 이상도 그 이하도 아닌, 딱 자신이 생각한 대로 자신이 마음먹은 그만큼만 현실이 된다는 것이다.

고객의 지갑을 여는 것은 결국 '진심이 담긴 마음'이다. 즉 고객의 지갑을 여는 것은 결국 자신의 생각과 마음이 결정한다. 매출 역시 마찬가지다. 자신이 규정한 그만큼만 이루어진다. 이 사실을 알고 있는 상인과 그렇지 않은 상인의 자세는 전혀 다르다. 맛에서도 그 차이가 확연히 난다. '마음이 담긴 맛'은 사람의 감정까지 사로잡는다.

고객의 마음을 사로잡고 싶은가? 그렇다면 자신의 생각, 마음의 그릇 크기를 키우고 그 안에 진정성이라는 따스함을 담아라. 항상 베푸는 마음으로 고객을 대한다면 맛은 가장 아름다운 예술이 될 것이다.

진정성 있는 마음은 고객이 원하는(니즈) 방향으로 변화되기 때문이다.

당신은 누군가의 아름다운 사람인가요?

체리피커를 겁내지 마라

케이크 위에 올라 앉은
체리 하나.

앵두보다 굵되
자두보다는 작은,
체리.

이름 참 이쁘다!

체리피커(Cherry Picker)라는 말이 있다. 체리가 장식된 케이크에서 하나뿐인 체리를 빼먹는 사람을 일컫는 말이다. 즉, 기업의 서비스나 상품을 구매하지 않으면서 자기 잇속에만 관심을 두는 소비자를 말한다. 어렵고 힘든 일은 피하면서 편하고 이득이 되는 일만 골라 하는 직장 동료를 비유할 때 쓰기도 한다.

온라인 쇼핑사들이 체리피커를 막기 위해 몸부림을 치고 있다. 사실

온라인 쇼핑은 한두 번의 터치나 클릭만으로 채널을 옮길 수 있기 때문에 충성고객을 확보하는 게 쉽지 않다. 최근 수년 동안 온라인 쇼핑업계는 할인쿠폰을 경쟁적으로 발행하고 포인트 캐시백(환급) 혜택을 확대했다. 하지만 가격 비교 서비스와 온라인 커뮤니티의 활성화 덕분에 할인이나 부가혜택만 챙기고 사라지는 이들이 증가하면서 단골고객 유치가 점점 더 어려워지고 있다. 이 때문에 재구매 고객을 잡기 위한 판촉비를 늘리게 되었고, 그 부담은 고스란히 사업자에게 지워지고 있다.

소비자들은 점점 더 똑똑해지고 있다. 아파트 분양시장에서도 체리피커 현상이 심해질 것이라고 전망하고 있다. 아파트에 당첨이 되어 웃돈이 붙을 것으로 보이면 계약하고, 아니면 포기하는 것이다. 스마트폰의 대중화 역시 점점 더 많은 체리피커를 만들어낼 것이다. 특히 카드사들은 체리피커를 눈엣가시처럼 여긴다.

하지만 이들을 새로운 소비자 군으로 수용해야 한다는 움직임도 있다. 그들이 카드만이 아닌 관계은행으로 거래영역을 넓히면 회사의 이익을 가져올 잠재적 소비자 군이 되기 때문이다. 그리고 매달 실적을 내고 있으니 어쩌면 충성도가 높다고 볼 수 있다.

KB국민카드는 이들을 경영 조언자로 활용하는 역발상을 했다. 지난 2012년의 일이다. 최기의 사장은 체리피커를 직접 초청해 고객이 가장 원하는 서비스가 무엇인지를 들었다. 최 사장은 "체리피커는 카드는 별로 안 쓰면서 혜택만 최대한 뽑아내기 때문에 카드사를 괴롭히는 게 사실이다. 그래서 대부분의 카드사는 체리피커에 당하지 않을까 전전긍긍한다. 하지만 나는 발상의 전환을 했다"라고 말했다. 지금 손해를 조금 보더라도 나중에 이들에게 가장 인기 있는 카드가 되기 위해 조언을 구한 것이다.

사실 미각은 구매 자극에 큰 영향을 끼치지 않는다는 연구결과도 있다. 미각의 한계인 셈이지만 입맛 까다로운 고객을 확 사로잡으면 오히려 꾸준한 관계를 지속할 수 있다. 이것이 바로 미각마케팅의 큰 매력이다.

배고프고 돈이 없을 때 눈치 안 보고 이것저것 다양한 먹거리를 체험할 수 있는 곳이 백화점이나 마트 식료품 매장이다. 고객의 미각을 자극하기 위해 다양한 음식 냄새를 풍기며 입맛을 자극하고 까다로운 입맛을 사로잡기 위해 시식코너를 적극 활용한다. 하지만 그냥 맛만 보고 가는 고객, 할인할 때만 이용하는 고객도 있다. 그렇다고 시식코너를 없앨 수는 없다.

체리피커가 무조건 나쁘기만 한 것은 아니다. 할인상품에 대한 활발한 구매가 연관상품 구매로 이어지게 하기도 하고 경기불황인 유통가에 활력을 불어넣기도 한다. 또한 그들 나름대로 이벤트의 참여율을 높이고 공유하기도 한다. 요즘엔 SNS처럼 네트워크를 이용한 마케팅이 효과적이다. 체리피커를 이용하여 마케팅을 하는 것도 효과가 크다. 이들을 이용하면 '단골고객' 잡기가 훨씬 수월해진다. 마음 편히 누구나 시식할 수 있도록 하는 것이 중요한 이유다.

지역관광명소 주차장에서 군밤을 파는 분이 있다. 주차를 끝내고 올라가는 계단에서 군밤을 하나씩 나눠준다. 10명이 가면 10개를 준다. 더 달라고 하면 더 준다. 어느 날 그렇게 계속 주면 손해를 볼 것 같은데 왜 나누어주는지 물었다. 사장님은 과학적인 답을 내놓았다. 군밤 특유의 맛과 질감이 침샘을 자극한다는 설명이다. 공짜로 주는 군밤은 딱 한 개뿐이니 침샘을 만족시키기 위해선 군밤을 사야 한다. 그것이 이번에 내려올 때일 수도 있고, 다음 방문이 될 수도 있다. 어쨌든 그 사장님은 5년 넘게 그곳에서 장사를 하고 있다. 분명 남는 게 있으니 계속하는 것이다.

미각을 자극시키는 데 있어서 체리피커를 겁내지 말자. 분명 돌아온다.

맛 칼럼니스트, 먹방 그리고 경제

'음식 먹는 방송' 소위 먹방이 TV나 인터넷 방송은 물론 영화에서도 대세다. 웬만한 연예인이라면 너도나도 먹방 프로그램 하나쯤 진행하고 있을 정도다. 해외에서도 한국의 먹방에 관심을 보인다. 미국의 경제매체 『비즈니스인사이더』는 한국의 먹방을 이렇게 소개했다.

> "한국에서는 '먹방'이라고 불리는 방송이 인기가 높다. 먹방이 인기가 높은 이유는 1인 가구가 증가했기 때문이다. 또한 먹지 않고도 식욕에 대한 갈망을 충족시켜 줄 수 있기 때문이다."

배우 하정우 하면 바로 먹방을 떠올린다. 영화 속에서 음식을 얼마나 맛깔스럽게 먹어댔던지, 먹방계의 새로운 장르를 열었다는 평가를 받는다. 특히 영화 『범죄와의 전쟁』에서 크림빵을 우걱우걱 먹는 모습이나 중국집에 혼자 앉아 탕수육과 양장피를 먹는 모습 등은 최고의 장면으로 꼽힌다.

영화 『베를린』 촬영 당시 류승완 감독은 촬영이 끝난 뒤 편집실에서 모니터로 하정우가 바게트에 잼을 발라 먹는 장면을 보면서 자신도 모르게 그게 먹고 싶어졌다고 고백했다.

맛 칼럼니스트도 맹활약 중이다. 대표적인 맛 칼럼니스트 황교익은 『미각의 제국』에서 우리가 즐겨 먹는 밥과 김치, 떡복이 등에 대한 맛의 정의를 썼다. 이 책을 두고 요리사 박찬일은 우리나라 최초의 진정한 음식박물지(博物誌, 동물·식물·광물·지질·기상 등의 자연학적인 사물·현상을 종합적으로 기술한 책)라고 평했다.

셰프 이연복은 뛰어난 예능감각과 출중한 중화요리 실력으로 인기 '셰프테이너'로 활동하고 있다. 그는 한 방송국의 프로그램에서 대한민국 중화요리계의 전설, '4대 문파'의 하나로 소개되기도 했다. 어린 시절 아버지를 통해 중국요리를 접했고, 22세 때 대만대사관 최연소 요리사로 일했다. 일본에서 요릿집을 차리기도 했던 그는 1999년 귀국해 중화요리 전문점 목란을 운영 중이다.

젊은 시절 후각을 잃은 그는 미각을 예민하게 유지하기 위해 지금까지 꼭 지키는 세 가지 규칙이 있다고 한다. 아침에 밥을 안 먹고 과음을 안 하고 흡연을 안 한다는 것이다. 그의 말을 곱씹어보면 미각이 얼마나 예민한 감각인지를 알 수 있다.

심리마케팅 전문가들에 따르면 먹방을 통한 대리만족은 카타르시스를 가져다 준다. 또한 사회적·경제적으로 결핍된 사람들은 음식을 통해 만족감을 얻으려는 경향이 높고, 이를 통해 현실과 이상 사이의 불일

치에서 오는 스트레스를 다소나마 해소할 수 있다고 한다. 반면에 생활이 풍족한 사람들은 더 수준 높은 소비를 위해 미각을 탐하기도 한다.

현재 대한민국 경제상황과 사회행태는 다른 어떤 감각보다 미각을 자본화하는 데 매우 유리하다. 이를 잘 활용하고 있는 사람이 더본코리아의 대표 백종원이다. 그는 '만능간장' 등의 매력적인 레시피로 많은 이들의 사랑을 받고 있다. 이런 그가 모든 브랜드의 레시피를 직접 개발했다고 하는 점을 잘 새겨두어야 한다.

입소문의 밑바탕은 신뢰와 정성

입소문 마케팅의 세계적인 권위자 엠마뉴엘 로젠은 자동차, 컴퓨터, 영화배우, 휴대폰 등 어떤 것이든 버즈(buzz) 즉 입소문의 대상이 될 수 있다고 말한다. 그는 벤앤제리의 공짜 아이스크림 데이를 예로 들었다. 이 회사는 1년에 한 번, 매장을 방문하는 모든 사람에게 공짜 아이스크림콘을 한 개씩 준다.

지난 2008년 4월, 벤앤제리는 공짜 아이스크림을 받을 수 있는 가상 아이스크림콘을 페이스북에 올렸다. 몇 시간 내에 페이스북 이용자 50만 명이 공짜 아이스크림콘을 주고받았다. 가상 아이스크림콘은 대단한 입소문을 탔고, 사람들은 아이스크림 가게로 몰려왔다. 이 캠페인을 함께 진행했던 케이티 오브라이언은 이렇게 말했다. "가상 아이스크림은 50만 개 나눠줬는데 실제로 받으러 온 사람은 약 100만 명이었어요."

펜실베이니아 대학 마케팅학 교수인 조나 버거는 입소문으로 성공을 거둔 대표적인 사례들을 다음과 같이 나열했다.

50달러 예산으로 만든 유튜브 동영상 덕에 700% 성장을 이룬 믹서 회사 블렌드텍, 뉴욕타임스의 악평으로 매출이 45% 증가한 책 『사나운 사람들』, 미의 기준에 대한 논의를 유도해 두 자릿수 매출 신장을 기록한 도브, 금요일마다 재생 횟수가 급증해 빌보드 핫 100에 선정된 '사상 최악의 노래' '프라이 데이' 등이다.

눈만 뜨면 새로운 프랜차이즈 음식점들이 하나씩 늘어난다. 하지만 폐업률 역시 치솟아 연간 1만여 곳이 문을 닫는다. 하지만 100년 동안 한 자리를 지킨 식당은 상황이 다르다. 음식을 먹으려면 번호표까지 받고 길게 줄을 서서 기다려야 한다. 한 세기를 지켜온 맛을 사람들의 미각은 잊지 못하는 것이다.

현재 우리나라의 경우 70년이 넘은 음식점은 26곳이 있다. 부산의 한 냉면집은 1대 할머니부터 시작해서 현재는 증손자가 운영하고 있다. 증조할머니가 1.4후퇴 때 흥남에서 피난 내려와 장사를 시작했다. 1대 할머니 때부터의 단골도 있고, 부모의 손을 잡고 따라다니다 이제는 본인이 아이들 손을 잡고 오는 사람도 많다고 한다.

심리학의 하나인 인지심리학은 자극과 반응 즉 육체가 말하는 인간의 표현을 연구하는 학문이다. 인지심리학은 생리적이고 물리적인 자극이 사람의 마음에 큰 영향을 준다고 말한다. 무엇보다 고객들은 귀가 얇다. 친구나 동료가 맛있는 집이라고 얘기하면 무조건 가고 싶어진다. 입소문은 가장 강력한 마케팅이다.

한 지인이 후배와 함께 일본 출장을 간 김에 유명하다고 입소문이 난

일식집에 갔다. 그런데 한참 줄을 서서 기다리다가 문득 다른 식당의 음식과 어떻게 다른지 궁금했다. 그래서 손님이 그다지 많지 않은 한 식당에 가서 음식을 사와 식당의 양해를 구하고 소문난 집의 식탁에 놓고 동시에 먹기 시작했다. 그런데 음식 맛은 크게 차이가 나지 않았다. 심지어 인테리어나 식기 색깔까지 거의 비슷했다. 지인은 이렇게 결론을 내렸다.

"입소문이 난 식당은 다른 식당과 딱 한 가지 다른 점이 있었어. 주인이랑 종업원이 참 친절하고 왠지 모르게 싹싹했던 것 같아. 다른 집은 사람들 표정이 왠지 활발하지 않고 우물쭈물하는 것 같았는데, 그 집은 환하게 웃고 자신감이 있었지."

일본의 한 동네에 1,000년이 넘은 떡집이 있다. 바로 옆에는 670년 된 떡집이 있다. 그런데, 아무도 이야기해주지 않아도 고객들은 1,000년이 넘은 떡집을 다 알아차린다고 한다. 1,000년이 넘은 떡집은 묵묵히 떡에 부채질을 하는 반면 670년 된 떡집은 한 손으로 부채질을 하면서 다른 한 손으로는 호객행위를 한다고 해서 한참을 웃은 기억이 있다. 1,000년이 넘은 떡집은 장사를 하는 것이 아니라 문화를 만들고 있는 것이다.

미각은 종합적인 감각이기 때문에 다른 모든 감각의 영향을 받는다. 그래서 얄팍한 상술이 아니라 신뢰와 정성만이 고객을 끌어들일 수 있다. 주인이나 종업원에게서 나오는 에너지는 고객들에게 그대로 영향을 준다. 결국 입소문은 식당 주인의 내면에서 나오는 것이고 이것은 사람들이 다른 이들에게 음식점을 자신 있게 추천할 수 있게 하는 근간이 된다.

Emotion
Visual merchandising
Success Visual Design
Marketing
Unique
Image Marketing Sense
Success Unique
Sensibility Style Image Fashion
Unique Idea Visual merchandising
Training Unique
Emotion Fashion

Part 03

노희정의
감각 키우기
교실

자신과의 대화를 시작하라

20세기 팝 아티스트의 아이콘이라 불리는 앤디 워홀. 젊은 시절의 앤디 워홀은 흔히 볼 수 있는 일러스트 작가였다. 예쁘장한 그림을 잡지에 그려주며 생계를 이어갔다. 하지만 마음 한편에는 위대해지고 싶은 욕망이 꿈틀대고 있었다.

그는 어느 날 사랑하는 여자에게 실연을 당한 뒤 자신을 천천히 돌아봤다. 그리고 어린 시절 어머니가 해주시던 말을 떠올렸다.

"그 누구도 아닌 너 자신이 되어라."

앤디 워홀은 자신과 대화를 나누며 그 누구도 아닌 자신이 되기로 했다. 그리고 세상이 원하는 예쁘장한 그림이 아니라 모호함과 신비함을 주는 자신만의 그림을 그리기 시작했다. 그리고 자신의 이미지도 모호함과 신비함으로 바꾸었다.

통조림 수프와 콜라병 그림을 전시장에 내놓은 그는 "내가 수프를 좋아하거든요" 하고는 떠나버렸다. 결국 그의 모호하고 신비로운 태도와 그림은 주목을 받기 시작했다.

앤디 워홀을 감각의 천재라고 하는 사람들이 있다. 일정 부분 맞는 말이다. 분명 감각적 재능을 타고났다. 하지만 그것을 발휘할 수 있었던 것은 자신과 진지한 대화를 나누기 시작했을 때부터였다는 것을 잊지 말라.

방송인으로 종횡무진 활동하고 있는 유시민은 누구보다 감각이 뛰어난 사람이다. 많은 사람이 유시민에게 글을 잘 쓰는 비법을 묻는다. 그는 다독, 다작, 다상량(多商量)이라고 간단하게 답한다. 하지만 『대통령의 글쓰기』의 저자인 강원국은 이 간단한 비법이 평범한 사람에게는 매우 어렵다고 말한다. 유시민 같은 탁월한 언어 감각을 지닌 사람이기 때문에 가능하다는 말이다. 그렇다면 우리 같은 평범한 사람이 감각을 키우기 위해서는 어떻게 해야 할까?

다시 강원국의 이야기를 들어보자. 강원국은 누군가에게 자꾸 말을 해보라고 권한다. 말을 자꾸 하다 보면 스스로 생각이 정리되어 글쓰기에 도움이 된다는 것이다. 문제는 말을 걸 상대이다. 내 이야기를 온전히 들어줄 사람은 세상에 한 명뿐이다. 바로 나 자신이다.

이제부터 나 자신과 대화를 해보자.

감각을 기르는 일도 마찬가지다. 자신의 생각을 말하고, 느끼는 것을 자신에게 표현해보라. 나의 반응을 느끼고 그것으로 인해 새로운 전환과 생각이 확장된다. 확장된 생각을 실천에 옮긴다. 실천한 것의 1차 피드백도 내가 나에게 준다. 그리고 2차 피드백은 남들이 준다. 2차 피드백에서 나의 고유함을 지키면서 개선할 것을 개선하면 된다. 중요한 건 나와의 대화를 시도하는 자세다.

나와의 대화를 위해서는 몇 가지를 실천해야 한다.

우선 혼자가 되어야 한다.

몸은 사람들 속에 있어도 정신과 마음은 나의 것이다. 아무리 바빠도, 그리고 사람들 속에 묻혀 있어도 정신과 마음만은 내가 되어야 한다.

두 번째로, 솔직해지자.

세상에서 적나라할 정도로 나를 아는 존재는 나밖에 없다. 창피하고 부끄럽지만 솔직히 대화를 시작하자. 창피하고 숨기고 싶은 게 있다면 들어주고 용서하면 된다. 그 후 자신의 감각에 대해 이야기를 할 수 있다.

세 번째는 완벽성을 버리자.

우리는 대부분 감각을 타고난 천재가 아니다. 감각을 기르는 속도가 늦으면 어떠랴. 매일 조금씩 기르면 언젠가 탁월한 경지까지 올라갈 수 있다. 완벽한 자신보다 성숙하고 있는 자신을 사랑하자.

감각의 정확한 정의는 사전 속에 있지 않다. 우리는 감각이라는 단어에서 여러 가지를 떠올린다. 그 모든 것이 감각이다. 명확할 필요도 없고 정답도 없다. 그저 자신이 느끼는 것, 바라는 것, 생각하는 것, 보여지는 그 모든 것의 경험들이 나와의 대화와 나의 기억 속에서 구축되어진다. 즉 감각은 나의 생각과 마음, 태도 속에 있다.

나는 '나의 길' 위에 있다. 누구의 길도 아닌.

초야에 묻혀서 살기에는
너무 도시적이고,
도시에 살기에는
너무 철학적이다.

마인드는 나답게,
스타일은
그곳에 맞게

감각은 '나답게'에서 시작된다. 사실 우리는 매일 '나답게'를 억누르고 산다. SNS에는 내가 선택한 것들만 보여준다. 가장 아름다운 장면, 가장 멋진 순간, 가장 알리고 싶은 순간…. 물론 잘못은 아니다. 내가 올리고 싶은 것만 올리는 건 당연하다.

하지만 나는 SNS에 사적인 내용을 많이 올린다. 주변에서 걱정하는 분들이 많다. 비즈니스 PR 공간으로 활용하지 않고 왜 소소한 일상을 노출하는지 궁금해 한다. 여기서 한 번쯤 생각해보자. '나는 직업으로 사는가? 아니면 자기 자신으로 사는가?'

SNS는 나의 직업적 공간이 아니라 '나다움'이 있는 나의 공간이다. 직업인 노희정이 아니라 인간 노희정을 보여주는 공간이다. SNS를 나를 왜곡하거나 자랑하는 공간이 아니라 나다움을 발휘하는 공간으로 확장해보자. 그 시작은 솔직함이다.

타인을 볼 때는 주로 그의 감각이 때와 장소에 맞는지 살피게 된다.
자기소개를 할 때 대부분 직업이나 직장을 먼저 이야기한다. "OO회사에 다니는 OOO입니다"처럼 직업이 그 자신인 듯 말한다. 이유는 간단하다. 직업을 알려주면 상대방이 나를 빨리 이해할 수 있기 때문이다. 직업 속에 담긴 정보는 생각보다 많다. 학창시절 공부를 잘했는지 못했는지, 어떤 삶을 살았는지, 현재 어떤 경제적 상황에 있는지도 짐작할 수 있다.

하지만 나는 강의를 할 때 직업보다 그 사람의 스타일을 먼저 보라고 말한다. 스타일은 그 사람의 생각과 연결되어 있다. 물론 그의 감각도 볼 수 있다. 이를 통해서 그가 고리타분한지, 보수적인지, 숨은 열정이 있는지도 알 수 있다. 간혹 아주 평범한 스타일의 여성이 신고 있는 슈즈만 보고도 그녀의 숨은 도발과 열정을 느낄 수 있다. 액세서리나 상의의 네크라인으로도 상대를 읽을 수 있다. 더 재미있는 건 노래방에서의 선곡으로도 그 사람의 감성을 알 수 있다는 것이다. 어쩌면 직업보다 노래방의 18번이 더 '나다움'을 보여준다.

흔히 패셔니스타라고 하면 화려한 옷으로 무장한 사람을 떠올린다. 하지만 때와 장소를 가리지 않고 화려하기만 하면 그는 패셔니스타가 아니라 사람의 눈살을 찌푸리게 만드는 패션 테러리스트다.

중년여성들이 흔히 저지르는 실수는 공주 같은 대접을 받고자 하는 자신의 심리를 레이스나 러플 등을 통해 겉으로 드러내는 것이다. 하지만 지나친 여성스러움은 오히려 세련과 멀어지게 만든다. 블랙컬러와 망사(레이스) 아이템의 상의 등으로 섹시함을 연출하는 경우에도 마찬가지다. 본인의 다리와 엉덩이 선에 매치되지 않는 신축성 있는 데님을 입으면 머릿속에서 생각하는 '이상적인 이미지'와 현실의 나는 일치하지 못한다.

자기의 신체와 잘 어울리는 옷, 자신의 감성을 잘 드러내면서도 때와 장소에 맞춰서 옷을 입어야 한다. 때와 장소에 따라 컬러의 변화를 주는 것도 좋은 방법이다.

커리어 우먼이라고 해서 늘 슈트에 정장 차림을 할 필요는 없다. 장소에 따라 스타일을 유연하게 변화시키되 나다움이 풍겨야 한다. 그렇게 '나다움'을 중심으로 연출하면 때와 장소에 따라 다른 스타일을 연출해도 "너만의 스타일이 있어"라는 이야기를 들을 수 있다.

베이직 디자인과 컬러에 오늘의 콘셉트에 맞는 액세서리를 연출하면 새로운 분위기를 보여줄 수 있다. 더불어 소재감에 따라 어울리는 아이템을 이해하는 능력도 조금 필요하다.

백화점 의류 매장을 빙 돌아보면 옷의 콘셉트나 이미지에 따라 이미 조닝(zoning)이 구성되어 있다. 이러한 조닝은 객관적인 감각을 높이는 데 도움이 된다. 여기에다 자신만의 감성 이미지 센스를 더해주면 자신만의 감각을 키울 수 있다. 사람은 누구나 보는 것만큼 감각이 늘어난다. 조닝을 벗어나 나에게 맞는 컬러와 소재감, 브랜드를 찾아보자.

티셔츠 한 장에도 나름의 콘셉트와 분위기가 있다. 따라서 티셔츠 한 장에 나만의 스타일과 차별화된 개성을 표현할 수 있다. 이미지 메이킹을 한다고 부스스한 머리에 왁스나 젤을 바르고 엉성한 캐주얼 차림을 말끔한 슈트 차림으로 전환하는 게 아니라 나다운 콘셉트와 분위기에 맞는 감각을 길러야 한다.

사람관계를 고슴도치로 인식하자

감각의 세계에서는 '사람관계'도 빼놓을 수 없는 중요 요소다. 사람 때문에 감각을 키울 수도 있고, 사람 때문에 감각을 잃을 수도 있다. 과분한 일이지만, 나에게는 교수, 강사, VMD, 컨설턴트, 사업단장 등 여러 직함이 있다. 이렇게 여러 가지 일을 하다 보니 피할 수 없는 게 있다. 사람관계다.

어릴 때부터 "감각이 있다, 너는 개성이 확실하다" 등의 이야기를 자주 들었다. 어릴 적 친구들이 옷을 사러 갈 때 나는 당연히 따라가야 하는 컨설턴트였다. 지금도 함께 옷 사러 가자는 말을 자주 듣는다. 그리고 예전에는 기꺼이 함께 가서 옷을 골라주었다. 하지만 지금은 나를 지키기 위해 그리고 상대방과의 관계를 지키기 위해 나름의 기준을 만들고 실천 중이다.

사람과의 관계는 마치 고슴도치 같다. 너무 가까이 하면 상처를 입고 너무 멀리하면 관계가 약해진다. 스타일링 컨설팅을 해줘도 자기 기준에 따라 받아들이지 않는 사람이 참 많았다. 그래서 적당한 거리를 유지하는 기준이 있어야 되겠다고 판단했고, 그렇게 지키고 있는 것이다. 감각을 키우는 일도 그렇다. 적당한 거리를 유지해야 한다.

인간관계에도 감각이 필요하다. 필요할 때 등장하고, 피해야 할 때 피해주는 감각. 이런 감각이 있다면 일과 업무량의 균형을 조절하고 그 안에서 혼자 몰두하는 시간을 만들 수 있다. 그리고 함께 노는 일에도 밸런스를 조절할 수 있다. 사람관계에 감각이 있다는 것은 어느 한 부분에 치우치지 않고 내 삶이 아닌 조화로운 우리 삶의 성장을 꾀할 수 있다는 뜻이다. 인간관계에 감각이 있는 사람은 혼자만의 성공을 위해 무조건 달려가지 않는다. 함께하는 성장에 집중하기 때문이다.

감각이 있는 사람은 모임이나 인적 네트워크를 만들기 위해 우르르 몰려다니지 않는다. 배움에 있어서도 적당한 때를 찾아 느림의 미학을 발휘한다. 요즘은 무언가 배우기 시작하면 강사 과정이나 교수 과정, 업그레이드 과정을 이수해야 무언가 했다는 느낌과 뭔가 보장될 것 같은 분위기다. 감각이 있다면 이런 부분도 조절해야 한다.

많은 일을 처리하다 보니 그만큼 모임도 많았다. 10년째 새로운 배움도 계속하고 있다. 그런데, 그런 과정에서 많은 회의가 들었다. 어떤 모임을 가더라도 목적의식적으로 자기의 실속을 챙기려는 사람들과 코드가 맞지 않았다. 그들과의 관계를 지속하는 데 대해 심한 피로감이 몰려왔다. 한때 분위기메이커로서 그들이 즐거워하는 모습을 보면 나 역시 뭔가 충족되는 느낌이었고 인정받는 느낌이었지만, 시간이 흐르면서 그것도 '한때'라는 것이 느껴졌다.

그 때 '아닌 사람'은
지금도 아니다.

그 때 '맞는 사람'은
지금도 맞다.

이것을 우린 '인연'이라 부르고
'운명'이라 말한다.

비오는 날.
거기다가 밤!

함께 정을 나누던 시간이 지난 뒤 의미 없이 흩어져버린 사람이 얼마나 많은가? 결국 자신이 필요할 때 와 달라고 요청하는 사람 말고 진정으로 남은 사람은 거의 없다. 일곱 명의 난쟁이와 한 명의 왕자를 생각해보라. 여러 명의 난쟁이가 아니라 단 한 명의 왕자에게 집중하는 것은 어떨까? 시간을 내서 내게 오는 사람과 시간이 나서 내게 오는 사람을 구분해야 한다. 그리고 내 감각을 지키면서 상대방과의 관계도 함께 지킬 수 있는 적당한 거리를 가져야 한다. 빨래를 널 때도 적당한 간격을 두어야 바람도 잘 통하고 햇빛도 잘 들 듯이, 사람 사이에도 간격이 필요하다.

술을 많이 마시는 자리라면 1차에서는 이런저런 이야기로 즐길 수 있지만, 2차로 옮겨지면 즐거움은 급격히 상실된다. 그래서 내가 주인공이 되는 모임과 주변이 되는 모임을 유연하게 조절한다. 내가 불편한 모임에 나가는 시간과 비용을 줄이면 마음도 편해진다.

언젠가 이런 강의를 들었다. 내가 하고 싶은 대로 살면 '1'사람은 싫어하고, '8'명은 관심 없고, '1'사람은 나를 좋아한다고 생각한다. 반면에 그들이 원하는 대로 맞춰서 살면 '1'사람이 싫어하고, '8'명은 관심 없고, '1'사람은 여전히 좋아한다. 결국 똑같다는 얘기다. 참으로 통쾌한 통계다. 여전히 좋아하는 사람만 상대하기도 바쁘다.

감각은 전이된다. 감각적인 사람이 옆에 있으면 저절로 감각적으로 변하는 경우가 있다. 반대로 편한 것이 최고라고 생각하는 사람 옆에 있으면 편한 것만 따라하게 된다. 잘 놀기 위해서도 꼭 필요한 요소가 감각이다. 감각이 떨어지면 노는 곳에 끼워주지 않는다. 무엇을 하든 감각이 있으면 누구나 함께하고픈 사람이 될 수 있다.

감각이 부족한 사람은 감각적인 사람을 부러워한다. 그리고 감각적인 사람 곁에 있고 싶어한다. 뭔가 전이를 받을 수 있기 때문이다. 자신이 가지고 있지 않은 것에 끌리는 건 당연하다. 분위기를 아는 사람, 정확히 말해 감각이 있는 사람이 잘 되는 이유는 자신의 감각을 전이시킬 수 있기 때문이다. 그 매력을 싫어하는 사람은 없을 것이다.

감각을 키우는 빠른 방법은 감각을 전이받을 수 있도록 감각적인 사람을 곁에 두는 일이다. 감각적인 사람과 오랫동안 관계를 유지하는 세 가지 방법이 있다.

첫째, 조언을 실천한다.

감각적인 사람의 조언을 들었지만, 그걸로 그냥 끝내는 사람이 많다. 조언을 듣고 고개만 끄덕이면 삶에 아무 변화가 없다. 조언해주는 입장에서는 참 답답하다. 굳이 조언을 구했다면 변화된 모습을 보여주는 게 기본적인 예의이자 상호 신뢰의 표현이다.

두 번째는 거리를 유지한다.

앞에서도 이야기했듯 내가 없는 걸 가진 사람을 누구나 좋아한다. 그런데 너무 좋아하다 보면 지켜야 할 선을 넘는 일이 있다. 상대가 무감각하면 상관이 없지만, 민감한 사람 혹은 민감한 부분이라면 상처가 될 수 있다. 부담스러운 존재가 되지 않도록 주의해야 한다.

세 번째는 감각도 자본이라는 인식을 해야 한다.

'좋은 옷 몇 벌 혹은 잘 어울리는 액세서리 몇 개 골라주는 거잖아. 별거 아니지 뭐' 이런 생각은 금물이다. 상대는 지금과 같은 감각을 키우고 유지하기 위해 많은 시간과 비용을 투자했다. 거기에 따른 지적 자본을 인정해야 한다. 단순한 패션의 변신이 아니라 감각 있는 상대의 인생을 들여다보라. 모든 것이 당신의 감각을 변화시키는 데 영감을 줄 것이다.

감각에서 인간관계는 고슴도치 같은 존재다. 너무 가까이 다가가면 다친다. 너무 멀리하면 관계 형성 자체가 불가능하다. 자신만의 기준을 가지자. 그리고 그 기준에 따르라. 그것이 나의 감각을 키우는 데 큰 도움이 된다.

불편한 진리!

나를 웃게 만들 수 있는 사람이
나를 울게도 만들 수 있다는…

얼마나
열정적인가

북(심장) 소리가
들린다.
.
.
.
.
.
끊임없이~

본래 나는 금수저 집안에서 태어나 수직 낙하하듯 흙수저가 되었다. 온탕과 냉탕을 왔다 갔다 하며 어린 나이에 삶의 이면을 많이도 겪었다. 평범하게 살기 힘든 삶이었지만 하고 싶은 일을 꼭 해야겠다는 의지는 강했다. 그러다 보니 현실과의 사이에서 늘 갈등이 몰려왔다. 그 갈등에서 나를 구해준 건 살아있다는 느낌을 주는 무수한 감각들이었다.

'생각을 멈추지 못하는 병.'

'배움을 멈추지 못하는 병.'

'사랑을 멈추지 못하는 병.'

'도전을 멈추지 못하는 병.'

세상은 온전히 내 편이 아니었던 시절, 나는 이런 긴장감을 고무줄 당기듯 내 쪽으로 당기고 있었다. 유일한 해방구는 '일'이었다. 아이를 재우고 미친 듯 달려가 VMD를 했고, 학교에 갔다. 그런 노력들 덕분에 우리나라에 진출한 홈플러스의 1호점이 오픈할 때 연출 A급으로 활동했고, 좋은 조건으로 승진의 기회가 왔다. 하지만 아이를 케어하기 위해 중국으로 가야 했다.

남들이 보면 나는 운이 좋은 사람일지 모른다. 하지만 나는 언제나 내가 '운이 없는 사람'이라고 생각했다. 그렇기에 남들보다 세 배는 노력해야 남들처럼 될 수 있는 운명이라며 팔자대로 사는 것은 비겁하다고 여겼다.

당시 나의 감각을 표출할 수 있는 유일한 창구 역시 일이었다. 그래서 "일은 나의 영혼의 자유이며 날개입니다"라고 명함에 새기고 다녔다. 워킹맘이나 커리어우먼이 아니라 맹렬한 전사로서 일했다. 아이를 키우면서 일주일에 이틀을 일했다. 당시의 소원은 한 달에 100만 원이라도 고정수입을 가지는 것이었다. 그 틈에서 배우고, 생각하고, 성장했다. 그러던 어느 날 하루에 100만 원을 벌고 있는 나를 발견했다.

나에게 감각이란 녀석은 참으로 신통방통한 존재다. 평범한 직장인,

흔히 보는 아줌마의 모습을 강요받았던 시기에 감각은 나에게 무수한 메시지를 주었다. 덕분에 나의 생각과 배움, 사랑과 도전을 놓지 않을 수 있었다. 감각은 사람을 차별하지 않았다. 가방끈이 짧든 길든, 내가 어떤 외모를 가졌든 신경 쓰지 않는다. 오직 노력하는 사람만이 감각을 키울 수 있고 활용할 수 있다.

절박감 없이 바뀌는 일이 있을까? 길을 가는 사람을 붙들고 물어보자. 감각적인 사람을 싫어하는 사람은 없다. 그리고 감각의 중요성을 누구나 잘 알고 있다. 감각이 성공을 위한 중요 요소라는 것도 알고 있다. 하지만 정작 중요한 것은 감각을 키우기 위해 어떤 절박감이나 노력하는 모습이 보이지 않는다는 것이다. 감각은 미술관 몇 번 왔다 갔다 하고, 패

집밥 노희정 선생

소소함이
특별함을 만든다.

션잡지 몇 권 읽었다고 생기는 게 아니다. 얼마나 치열하게 고민하고 바꿔려고 노력했는지에 따라 달라진다. 치열함 끝에 감각이 있다는 걸 잊지 말자. 감각은 곧 내면이 되고, 겉모습으로 나타난다.

오늘날의 세상은 노력을 부정한다. 경제적, 정치적 상황 때문이기도 하다. 계층사다리가 줄어들고, 돈을 벌기 위해 돈을 쓰는 것을 당연하다고 생각한다.

1만 원짜리 티셔츠를 구매할 때도 감각적일 수 있고, 오이소박이를 그릇에 올려놓아도 감각적일 수 있다. 당당히 말하고 싶다. 감각은 어느 것보다 공평하다고. 타고난 부분이 있건 없건 더 크게 혹은 새로 만들어내는 건 본인의 몫이다. 감각적이고 싶은가? 그렇다면 절박감을 가지고 변화를 시도해보자. 분명 감각은 당신의 편이 되어준다.

드라마나 영화 속 대사가 가슴을 울릴 때가 있다. 그것을 몇 번 반복해서 듣고 외워보자. 그리고 라디오에서 나오는 아름다운 멘트를 따라 해 보자. 영화를 보다가 나의 가슴을 두드리는 장면이 있다면 그것을 간직하자. 뒤끝 있게 오래오래. 그것이 당신의 감각의 마중물이 될 것이다. 그런 순간 순간들이 모여 당신의 감각과 열정의 문을 열어줄 것이다.

선택과 집중.

저질 체력과 저질 인생이
되지 않는 방법.

일상의 소소한 사치가 감각을 키운다

소상공인 VMD는 지방출장이 많다. 하지만 아이를 키울 때는 '박'을 할 수가 없어서 4일 동안 아침저녁으로 그 지방으로 출퇴근을 했다. 당연히 주변의 유명 관광지는 둘러볼 생각도 못했다. 시간도 없었지만 마음의 여유도 없었기 때문이다. 그래서 나에게 준 선물이 있다. 기차를 탈 때 되도록 특실을 선택하는 것이다. 그리고 이동하는 공간에서 나만의 여유를 만끽했다. 만약 숙소를 꼭 잡아야 한다면 호텔 앱을 통해 가장 감각 있는 숙소를 정했다.

사실 금액으로 보면 큰 차이는 없다. 그리고 호텔식당에서 혼스테이크(홀로 스케이크), 혼커피(홀로 커피)를 즐긴다. 출장지 근처에 친구가 있다면 친구를 불러 즐거운 시간을 보내기도 한다. 일과 여행을 병행해서 시간을 쓴다.

남들이 보면 사치를 누린다고 할 수 있다. 맞는 말이다. 하지만 감각적인 일을 하는 사람이라면 이런 일상이 새로운 영감을 준다는 것을 알고 있다. 그런 영감과 에너지 덕분에 일에 더 집중할 수 있고 좋은 성과를 낼 수 있다.

감각을 키우고 유지하는 것의 중요성을 안다면 투자를 아끼지 말라.

NEYO의 내한 공연 때는 페도라를 쓰고 카키색 슈트에 빈티지 패션으로 공연장에 내리는 그 젊은이들과 함께 발걸음을 옮겼고, 공연장에서 스스로 행복감을 느꼈다. 레이디가가의 내한공연 때는 팔찌를 주렁주렁 달고 블랙 가죽재킷에 바삭바삭 소리를 내는 스커트를 입고 공연을 즐겼다. 그리고 막차를 타기 위해 높은 힐을 신고 얼마나 달렸던가!

"공산품은 물건을 생산하는 양에 따라 가격경쟁이 이루어지지만, 자본으로 바꾼 감각은 금액으로 정할 수 없다. 감각을 키우고 그것을 본인의 감각의 힘으로 가져야 한다."

강의를 하면서 종종 들려주는 말이다.

실제로 감각은 확장의 범위가 무한대다. 감각을 키우고 살리는 일에 인색하면 안 된다. 오늘의 투자는 훗날 몇백 배의 시너지로 돌아올 수 있다는 사실을 기억해야 한다. 그리고 당신이 즐기는 그 소소한 사치가 스토리가 되어 당신을 돋보이게 만들어준다.

일상의 사치를 누리기 위해 가장 필요한 건 주어진 일을 열심히 하는 자세다. 종종 이도저도 아닌 사람을 볼 수 있다. 사치를 누리지도 못하면서 자린고비도 아닌 어정쩡한 사람이다.

누구보다 열심히 일했다면 소소한 사치를 누리는 것은 어떨까? 말 그대로 '열심히 일한 당신 떠나라'이다. 만약 누리지 못하겠다면 일과 삶의 태도를 한 번쯤 재정립해보자.

어느 강의에서 자신을 위해 100만 원도 써보지 못한 사람이 어떻게 남의 돈 100만 원을 벌 수 있겠느냐며 의문을 던졌다. 물론 여기서 말하는 100만 원은 현금만이 아니라 시간적 투자까지 포함한다.

우리가 누리는 사치는 단순히 웃고 즐기면서 소비하는 것이 아니다. '감각을 키우겠다'는 분명한 목적이 있다. 좋은 호텔은 어떤 서비스를 하는가, 윈도 뷰는 어떤가, 조식은 어떤가, 또 가격이 저렴한 곳과 다른 경쟁력은 무엇인가를 배울 수 있다. 몇 천 원 차이지만 좋은 음식점은 어떤 그릇에 어떻게 담아 주는지 알 수 있다. 감각은 내가 경험한 만큼 늘어난다. 그런 감각들을 통해 최소의 비용으로 최대의 만족과 효과를 누리게 될 것이다.

떠나는 '자유'보다
머무르는 '용기'와 버티는 힘이 더 큰
'도전'이 아닐까.

이곳을 스치는 희정.

끝내며

20년이 지나서 만난 여고 동창 친구들이 "너와 우린 감각이 다르잖아"라는 이야기를 한다.
아주 오랜 시간 동안 시각적인 마케팅인 VMD(Visual Merchandising)를 하면서 선배도 없고, 학교에서도 배운 적이 없는, 언제나 처음 하는 일들을 행하면서 두려워했던 적이 많았다. 우리나라의 VMD 1세대로서 그저 나는 나의 감각으로 일을 해냈기 때문이다.

동기들과 함께 직영매장을 연출하고 전국으로 흩어져 같은 콘셉트로 작업을 하면서 시작된 것이 지금 우리가 브랜드마다 사용하고 있는 매뉴얼이다.
백화점과 대형마트, 브랜드 등을 거쳐 만나게 된 전통시장과 소상공인들의 환경 속에서는 단순히 진열과 연출만으로 탁월한 효과를 내기 힘들었다. 그래서 38세까지는 그저 감각으로만 우려먹고 살던 내가 나의 공부가 아니라 그들을 위한 공부를 시작하게 되었다.

마케팅, CS, 이미지메이킹, 퍼스널컬러, 디지털 융합 비즈니스까지 늦깎이 학생이 되어 어디든 뛰어다니며 10년을 배우고 배웠다. 그런데, 배운 것을 나의 것으로 만들기는 여간 어려운 일이 아니었다. 내가 저절로 아는 감각을 누군가에게 티칭하는 것도 어려웠고, 배운 것을 전달하는 것도 쉽지 않았다.

이론으로 배운 전문용어나 획일적인 정답들을 누군가 앞에서 이야기하기가 부끄러워졌다. 이미지 메이킹 컨설팅을 해주어도 시간이 조금 지나면 그들은 다시 원래 상태로 돌아갔고, VMD를 하고 돌아와도 사후 관리가 되지 않았다. 그들의 것이 되지 못했다.

강사들 가운데 퍼스널 컬러나 이미지 컨설팅을 해달라는 분들이 있다.
그럼 난 "그냥 한번 놀러오세요. 그리고 저랑 3년만 사랑하시면 됩니다"라며 농담 아닌 농담을 하곤 한다. 자주 만나고, 자주 이야기하고 그렇게 지내다 보면 변화가 저절로 이루어지는 경우를 주위 분들을 통해 자주 느낀다.
특별히 스타일링을 의도한 것이 아니라 그에게 어울리는 것을 선물해주면 그것을 통해 주위의 피드백을 듣고 자신감이 상승되고, 그렇게 조금씩 변화하고자 하는 마음들이 생기는 것 같다. 매장의 경우는 피드백이 매출이 되는 경우다.

당장의 변신이 아니라 자신의 하루하루 감성과 사색들과 시도들이 힘이 되고 자본이 될 것이다. 그것이 바로 당신의 감각이다. 메이킹하는 것이 아니라 그냥 당신의 것이다. 거창한 이론이 아니라 당신만의 차별화된 아이덴티티가 구축되는 것이다.

그렇게 브랜드가 된다.

개인이건 매장이건 기업이건.

책을 읽는다고 철학적일 순 없다.
삶(일상)이 철학을 만든다. 감각 또한!